Wilhelm Schwendemann / Katrin Hagen / Detlev G. Theobald

Sterbehilfe und medizinisch-assistierter Suizid

Materialien und Unterrichtsentwürfe zu den Themen:

- Was ist Sterbehilfe?
- Die rechtlichen Grundlagen
- Christliche Positionen
- Assistierter Suizid in der Schweiz
- Kants Leitsatz vom »kategorischen Imperativ«
- Utilitarismus
- Die Fähigkeiten des Menschen im Blick behalten
- Bundestagsdebatte zur Sterbehilfe 2015

calwer materialien

Vorliegendes Materialienheft »Sterbehilfe und medizinisch-assistierter Suizid« ist die vierte Veröffentlichung in der Reihe »Ethik für das Leben«. Die Bände 1–3 finden Sie im Calwer Verlagsprogramm und auf S. 80 in diesem Heft.

Bild- und Textnachweis sind jeweils an entsprechender Stelle vermerkt.
Leider war es nicht möglich, alle Urheber zu ermitteln. Betroffene Inhaber/innen von urheberrechtlichen Ansprüchen, bitten wir, sich beim Verlag zu melden.

Im Interesse des Textflusses und der Leserfreundlichkeit werden in diesem Materialienheft weitestgehend geschlechterspezifische Termini gebraucht. Die Bezeichnung Patient, Arzt, Mitarbeiter etc. beziehen selbstverständlich jeweils die weibliche Form mit ein.

Abkürzungen:
SuS = Schülerinnen und Schüler
L = Lehrkraft

Bibliografische Information der Deutschen Bibliothek

Die Deutsche Bibliothek verzeichnet diese Publikation in der Deutschen Nationalbibliografie; detaillierte bibliografische Daten sind im Internet über *http://dnb.ddb.de* abrufbar.

ISBN 978-3-7668-4422-4

© 2017 by Calwer Verlag GmbH Bücher und Medien, Stuttgart
Alle Rechte vorbehalten.
Satz und Herstellung: Karin Class, Calwer Verlag
Umschlaggestaltung: Karin Sauerbier, Stuttgart
Druck und Verarbeitung: Mazowieckie Centrum Poligrafii –
05-270 Marki (Polen) – ul. Słoneczna 3C – www.buecherdrucken24.de

Internet: www.calwer.com
E-Mail: info@calwer.com

Inhalt

Einleitung 5

1. Sterbehilfe im Spannungsfeld widerstrebender Interessen 7

2. Begriffserklärung: Was ist Sterbehilfe? 8
Aktive Sterbehilfe 8
Passive Sterbehilfe 8
Indirekte Sterbehilfe 8
Assistierter Suizid 9

3. Die rechtliche Lage 10
Gesetzeslage vor November 2015 10
Neue Gesetzeslage nach Bundestagsbeschluss ... 12

4. Assistierter Suizid in der Schweiz 14
Rechtsgrundlage 14
Dignitas & EXIT 14
Schritte zum assistierten Suizid bei Dignitas . 14
Organisation EXIT 15
Assistierter Suizid in Belgien, Niederlande und Luxemburg 15

5. Utilitarismus 16
Bin ich für eine Gesellschaft noch von Nutzen? .. 16
»Nützlichkeit« des Todes – für wen nützlich? .. 17
Menschliche Ressourcen im Rahmen der Palliativmedizin und -einrichtungen 18
Die »Selbstverwirklichung« als eine Form der Aufhebung des Selbst – ich verwirke mein Selbst ...20

6. Kompetenzen und Inhalte einer kritischen Unterrichtseinheit – Bildungsplan 2016 22

7. Kommentierter Unterricht zum Thema: Medizinisch-assistierter Suizid 25
Reflexion der Leitmedien, Methoden und der Sozialformen 26
Niveaukonkretisierung: Medizinisch-assistierter Suizid 27

8. Stundenverläufe der gesamten Unterrichtseinheit 30

1. UE: Hinführung zum Thema Sterbehilfe 30
2. UE: Annäherung an Argumentationen für und gegen Sterbehilfe 32
3. UE: Fallbeispiele zum Thema Sterbehilfe 34
4. UE: Formen der Sterbehilfe: aktive, passive, indirekte 37
5. UE: Medizinisch-assistierter Suizid 39

Materialien zur Unterrichtseinheit 43
M 1: Arbeitsblatt: Das könnte ich mir vorstellen...44
M 2: Fallbeispiel »Sven« 45
M 3: Fallbeispiel »Christine« 46
M 4a: Fallbeispiel »Herr P.« 47
M 4b: Fallbeispiel »Herr P.« (Fortsetzung) 48
M 5a: Arbeitsblatt: Definition und Formen der Sterbehilfe 49
M 5b: Lösungsblatt: Definition und Formen der Sterbehilfe 50
M 6a: Arbeitsblatt zum Film »Erica« 51
M 6b: Lösungsblatt zum Film »Erica« 52
M 7: Regelungen zur Sterbehilfe in Europa 53

9. Weitere Materialien und Unterrichtsvorschläge zur Bearbeitung und Erschließung im Unterricht 54
M 1(a–d): Was ist Sterbehilfe? 57
M 1e: Hippokratischer Eid / Genfer Ärztegelöbnis..61
M 2: Christliche Positionen 63
M 3: Der kategorische Imperativ von Immanuel Kant 65
M 4: Der Utilitarismus 66
M 5: Die Fähigkeiten des Menschen im Blick behalten 67
M 6: Bilderfolge zum Thema »Sterbehilfe« 69
M 7: Die politische Perspektive: Bundestagsdebatte zur Sterbehilfe 71
M 8: »Sterbehilfegesetz bleibt bestehen« 74
M 9: »Geschäftsmäßige Sterbehilfe bleibt verboten«..75
M 10: »Streit um Sterbehilfegesetz – Desaster oder Segen?« 76
M 11: Entscheidung des Bundesverwaltungsgerichts bei extremen Ausnahmefällen 77

Literatur und Internetquellen 78

0 Einleitung

Der modernen Medizin verdanken die Menschen in Europa, dass sie, im Vergleich zu früher, durchschnittlich länger leben. Ihr ist aber auch zuzuschreiben, dass sie ebenso länger sterben. Moderne Therapiemöglichkeiten ermöglichen es, den Tod nach der Erstdiagnose zuweilen noch lange hinauszuzögern (Frieß 2010, S. 8). So ist das Sterben nicht mehr nur ein Schicksal, das den Menschen unweigerlich eines Tages ereilt und dem er passiv ausgeliefert ist. Das Sterben wird zu einem Lebensabschnitt, über den es nachzudenken gilt und bezüglich dessen Entscheidungen zu treffen sind und die das Selbstverständnis des modernen Menschen nicht nur herausfordern, sondern bisweilen auch infrage stellen (vgl. Platow 2010, S. 37). Reiner Marquard formuliert treffend: »Das Sterben vollzieht sich langsamer, und es vollzieht sich multifaktoriell (Demenz, Multimorbidität, chronische Verläufe).« (Marquard 2014, S. 40)

Jeder Mensch hat den Wunsch nach einem guten und leichten Tod. Dem gegenüber steht die Angst vor einem langen und schmerzvollen Leiden, hilflos und abhängig von Geräten, fremdbestimmt durch die Entscheidung von Ärzten über die aus ihrer Sicht notwendige und nützliche medizinische Versorgung. Diese Angst konkretisiert sich dabei gleichermaßen in der Befürchtung, am Ende des Lebens überversorgt zu werden, sodass ein schnelles Sterben in Würde verhindert wird. Gleichermaßen besteht Angst vor medizinischer Unterversorgung, also der Befürchtung, dass nicht mehr alles getan wird, um eine mögliche Heilung herbeizuführen (vgl. Frieß 2010, S. 7). Reiner Marquard (2014) legt die Ambivalenz dieses Selbstverständnisses am Beispiel des Buches »Menschenwürdig sterben« von Hans Küng und Walter Jens offen: »Das erkenntnisleitende Interesse … steht ihnen zufolge unter einem Leitparagraphen: ›Jeder Mensch hat das Recht, nicht zu leiden.‹ Von diesem Hauptsatz ihres palliativethischen Plädoyers für Selbstverantwortung leiten sie eine Bedeutungsverlagerung vom objektiv interessegeleiteten zum subjektiv interessegeleiteten Sterben ab. Würde ist also gekoppelt an eine nicht durch Stellvertretung zu ersetzende Verantwortungsübernahme des Sterbenden … Die Autonomie kann nur solange aufrecht erhalten bleiben, als das Subjekt dazu in der Lage ist.« (Marquard 2014, S. 23) Der hier verwandte Begriff der Autonomie determiniert genormtes, zugeordnetes und in einem Verständnis Martha C. Nussbaums eben »gemitteltes«, utilitaristisches Normdenken. Vorhandene Eigenschaften des Subjekts, die deskriptiv sind, eröffnen oder beschränken den jeweiligen Charakter von Autonomie. In diesem Sinn kann von Autonomie nur dann gesprochen werden, wenn die definierten Eigenschaften als Fähigkeiten und Kompetenzen vollständig präsent sind, »*anerkannt« und wahrgenommen werden.*

Noch vor ca. dreißig Jahren war es für die Ärzteschaft aufgrund des eigenen beruflichen Ethos fraglos, dass bis zum Ende des Lebens alles getan werden müsse, um Leben zu erhalten und nur in Ausnahmesituationen davon abzusehen. Die Möglichkeiten dazu haben sich im Zuge der Entwicklung der modernen Medizin jedoch in einer Weise erweitert, dass sich heute eine andere Frage stellt: Müssen die Möglichkeiten der Medizin wirklich in vollem Umfang ausgeschöpft werden oder gibt es Situationen, in denen es im Sinne des Patienten ist, auf weitere Behandlungsmaßnahmen zu verzichten? Anders gesagt: Wenn das Leben eines Patienten nur noch in völliger Abhängigkeit und Unselbstständigkeit möglich ist und dieser Zustand auch nicht revidiert werden kann, handelt es sich dann noch um »lebenswertes Leben«? Die von Kant herrührende Selbstzwecklichkeit des Menschen begrenzt jedoch seine Autonomie und ist bezogen nicht auf ein absolutes Sein, sondern auf das Beziehungsgeflecht, in dem der Mensch erst Mensch wird und worin seine Gottebenbildlichkeit wurzelt. Gottebenbildlichkeit wurzelt in der Relationalität des Menschen zu Gott, zur Welt, zum Mitmenschen zu sich selbst und findet ihren Ausdruck im Mit-Sein, im Mitempfinden und auch im Mit-Leiden, nicht im Mitleid (vgl. Marquard 2014, S. 28–33). Menschenwürde findet ihren Ausdruck also zuerst im Mit-Sein und nicht im absoluten Sein und nur im Mit-Sein ereignet sich Beziehung. Ärztliches Ethos wäre in diesem Fall das Ethos der Zuwendung und Achtsamkeit oder auch in gewisser Weise der Hingabe (vgl. Marquard 2014, S. 36). Hingabe im Sinne der Gottebenbildlichkeit ist kein altruistisches Verhalten, sondern eine grundsätzlich dialogische Haltung, die Beziehungsgeschehen setzt.

Selbstbestimmung in Form der Tötung auf Verlangen, bzw. aktiver Sterbehilfe, sucht die Würde des Menschen bis zu seinem Tod so zu bewahren, in dem Modus, den eigenen Todeszeitpunkt durch eine suizidale Handlung selbst herbeizuführen (vgl. Marquard 2014, S. 41; Platow

2010, S. 37). Tötung auf Verlangen bedeutete in diesem Verständnis einen radikalen Bruch der Beziehungsgestaltung.

Selbstbestimmung in diesem Fall zielt auf den Tod durch eigene Hand, medizinisch assistiert und vorbereitet und sie zielt nicht auf den Modus palliativer Medizin, die nicht die Hilfe **zum** Sterben, sondern die Hilfe **beim** Sterben bereitstellt, was u.E. ein qualitativer Unterschied bedeutet. Bedeutungsmäßig wird hier eine absolut sich gebende Selbstbestimmung als Ausdruck persönlicher Freiheit geriert, die im Kern jedoch bereit ist, den Tod zu wollen, indem dem Leiden durch eigene Hand ein Ende gesetzt und auf das Mitsein, z.B. in Form unterstützender palliativer, seelsorglicher Art, gänzlich verzichtet und so der Kern des Humanen preisgegeben wird. Diese Form der Selbstbestimmung sieht im Mitsein eine Gefahr der Autonomie, ist aber letztlich einem defizitären Menschenbild verpflichtet, weil z.B. Pflegebedürftigkeit als Verlust von Selbstständigkeit und nicht als Ausdruck der Freiheit wahrgenommen wird. In den Entscheidungen des Nationalen Ethikrates von 2006 wird der Konflikt verdoppelt: Die Mehrheit der Ratsmitglieder hat sich gegen die Zulassung der Tötung auf Verlangen ausgesprochen, die Minderheit für die Zulassung (vgl. Marquard 2014, S. 53). Das Problem der Zulassung der Tötung auf Verlangen besteht vor allem darin, dass die Interessen anderer tangiert sein können, die einer Tötung auf Verlangen Vorschub leisten. Das im Moment zentrale ethische Problem taucht da auf, wo nach außen altruistische Motive dargestellt sind, die aber möglicherweise einem anderen Interesse, das eben auch gewerbsmäßig sein kann, folgen. (vgl. Deutscher Bundestag, 17. Wahlperiode, Drucksache 17/11126 vom 22.10.2012) So orientierte sich der gesellschaftliche Nutzen des Todes auf Verlangen ausschließlich an Effizienzgesichtspunkten und übte einen gesellschaftlichen Druck auf Schwerkranke und Sterbende aus. Die Alternative zu einem solchen Modell bestünde u.E. – wenn man utilitaristisch weiterdächte – in einer Praxis, die sich an der Bedürftigkeit aller Beteiligten nach menschlicher Wärme und Zuwendung orientierte und so größtmögliches Glück bewirkte: »Die Menschen wollen zusammenleben und sie wollen gut zusammenleben.« (Nussbaum 2010, S. 126)

Am 10.12.2015 trat das Gesetz zum »Verbot der geschäftsmäßigen Sterbehilfe« in Kraft, was bedeutet, nach §216 StGB und §217 StGB (neu), dass sich derjenige strafbar macht, »wer in der Absicht, die Selbsttötung eines anderen zu fördern, diesem hierzu geschäftsmäßig die Gelegenheit gewährt, verschafft oder vermittelt«. Gegen das Gesetz hatten Mitglieder des Vereins Sterbehilfe Deutschland geklagt. Das Bundesverfassungsgericht stellte jedoch in einer Vorentscheidung fest, dass der Schutz des Lebens mit dem Grundgesetz übereinstimme. Die Wirkungen des Bundestagsbeschlusses vom 6.11.2015 sind markant, was bedeutet, dass es zwar eine juristische Handhabe für den medizinisch assistierten Suizid gibt, jedoch keine eindeutige ethische Entscheidung, sondern die Aufgabe für jeden einzelnen Bürger, jede einzelne Bürgerin bleibt, sich ein eigenes ethisches Urteil zu bilden, was nicht aus dem Bauch heraus getroffen werden kann, sondern nur annähernd nach einem Prozess der ethischen Urteilsbildung, was u.E. zuerst eine Aufgabe des Religions- und Ethikunterrichts an öffentlichen Schulen bleibt.

Weitere Unterrichtsentwürfe und Materialien:
- Schwendemann/Stahlmann, Ethik für das Leben, 2. Aufl. 2006, Calwer Verlag Stuttgart, ISBN 978-3-7668-3979-4
- Schwendemann/Stahlmann/Krüger, Ethik für das Leben. Sterben – Sterbehilfe – Umgang mit dem Tod, 2011, Calwer Verlag Stuttgart, ISBN 978-3-7668-4192-6

1 Sterbehilfe im Spannungsfeld widerstrebender Interessen

Gerade in Deutschland steht das Thema Sterbehilfe im Spannungsfeld zwischen Geschichte und Gegenwart. Aufgrund der Geschehnisse während des Nationalsozialismus, »Aktion T4« zum Beispiel, (Schwendemann/Stahlmann, Ethik für das Leben I, 2. Aufl., S. 75ff) wird Sterbehilfe leicht pauschal mit Euthanasie konnotiert und ist daher »ein stigmatisierter und schwer belasteter Begriff.« (Platow 2010, S. 37)

Das zweite Spannungsfeld ist mit dem Begriff Autonomie zu überschreiben und markiert durch die beiden Pole die Patientenautonomie und Autonomie des Arztes. Im Gegensatz zu früheren Zeiten, in denen Mediziner sich »mit Ablegen des hippokratischen Eides als Verantwortliche für Schutzbefohlene [verstanden], deren Meinung und Wollen sie zu deren eigenem Besten ignorieren konnten« (Platow 2010, S. 38), wird der Patient heute als gleichberechtigter Partner und Subjekt verstanden, das aktiv über den Verlauf der medizinischen Behandlung nicht nur mitentscheidet, sondern dessen Wille und Autonomie uneingeschränkt an erster Stelle stehen (vgl. Platow 2010, S. 38–41).

In Bezug auf das Thema Sterbehilfe ist jedoch zu fragen: »Schließt die Autonomie des Patienten das Recht ein, den Mediziner wider seiner natürlichen Verpflichtung handeln und jemanden sterben zu lassen oder sogar dabei zu unterstützen? Oder ist damit nicht vielmehr die Autonomie des Arztes verletzt?« (Platow 2010, S. 38; Marquard 2014, S. 59)

Ein drittes Spannungsfeld entsteht durch die Gegenüberstellung des staatlichen Anspruchs, einerseits das Leben und die körperliche Unversehrtheit und andererseits die Zusicherung individueller Persönlichkeitsrechte, wie das Recht auf Selbstbestimmung seiner Bürgerinnen und Bürger zu schützen. Die Frage ist hierbei, was im Falle der Sterbehilfe schwerer wiegt.

Viertens steht die Selbstbestimmung des Menschen in Spannung zu religiösen Ansprüchen. Das Leben als Geschenk Gottes ist nach christlichem Verständnis in jedem Falle zu bewahren und zu schützen. Sterbehilfe in jeder Form widerspricht diesem Anspruch fundamental (vgl. Platow 2010, S. 39).

2 Begriffserklärung: Was ist Sterbehilfe?

»Sterbehilfe bedeutet im heutigen Sprachgebrauch, den Tod eines Menschen durch fachkundige *Behandlungen* herbeizuführen oder zu erleichtern oder nicht aufzuhalten.« (Schwendemann 2011, S. 51). Es werden vier Formen der Sterbehilfe unterschieden, die im Folgenden kurz erläutert werden sollen:

Aktive Sterbehilfe

Von aktiver Sterbehilfe ist die Rede, wenn das »Leben eines Patienten (…) durch einen aktiven, nicht einer Behandlung dienenden Eingriff (…) gezielt verkürzt [wird], um weiteres Leiden zu ersparen.« (Marquard 2007, S. 186)

Ein anderer Begriff für aktive Sterbehilfe ist der der Tötung auf Verlangen (vgl. Platow 2010, S. 34). Diese Bezeichnung deutet auf die rechtlich relevanten Merkmale der aktiven Sterbehilfe hin, welche sind: Ein Sterbewilliger äußert seine Absicht ernstlich und ausdrücklich und bestimmt eine andere Person zur Ausführung der aktiven Sterbehilfe. Darüber hinaus muss die betreffende Person in Eigeninitiative mit ihrem Wunsch an einen Arzt herantreten und diesen über einen längeren Zeitraum hinweg äußern.

Bei der Durchführung aktiver Sterbehilfe wird dem Sterbewilligen in der Regel intravenös eine hochdosierte Medikamentenmischung zugeführt, die kreislauf- und atemdepressiv wirkt. Nach kurzer Zeit kommt es zu einer tiefen Bewusstlosigkeit und schließlich zum Herzstillstand. Gleichzeitig sorgt ein Muskelrelaxans dafür, dass ein Atemstillstand eintritt. Durch die Herbeiführung der Bewusstlosigkeit spürt der Sterbewillige im Sterben von beidem nichts (vgl. Frieß 2010, S. 22).

Passive Sterbehilfe

Passive Sterbehilfe meint, dass bei einem sterbenskranken Patienten lebenserhaltende oder lebensverlängernde Therapien von vorneherein nicht begonnen oder eine bereits begonnene Behandlung abgebrochen wird (vgl. Marquard 2007, S. 186). Unter lebenserhaltenden oder lebensverlängernden Maßnahmen versteht man dabei »den Einsatz von Geräten und alle Handlungen, die das Leben des Patienten künstlich verlängern, wie beispielsweise Beatmung und künstliche Ernährung.« (Platow 2010, S. 42)

Ein weiteres Beispiel für passive Sterbehilfe stellt der Verzicht auf die Gabe von Antibiotika bei bettlägerigen Patienten dar, die, verursacht durch länger andauernde Bettlägerigkeit, häufig eine Lungenentzündung entwickeln. Wird diese nicht behandelt, verstirbt der Patient aufgrund seines sowieso schon geschwächten Zustandes in der Regel schnell.

Während das Abstellen der Geräte als aktive Handlung dem Begriff der passiven Sterbehilfe zu widersprechen scheint, zeigt sich am letztgenannten Beispiel deutlicher, was sich hinter der gemeinten Passivität verbirgt (Frieß, 2010, S. 16f): »Passive Sterbehilfe (…) bedeutet keineswegs eine passive Haltung gegenüber den Kranken und ihren Leiden im Sinne von Nichtstun und Nichtentscheiden. Die Behandelnden verhalten sich lediglich in Bezug auf die Therapie der bestehenden Grunderkrankung passiv (…).« (Frieß, 2010, S. 16f) Die Behandlung der Grunderkrankung geht über in schmerzlindernde, die Krankheit erleichternde, aber eben nicht mehr therapierende Maßnahmen (vgl. Marquard 2007, S. 186). Der Patient verstirbt im Falle der passiven Sterbehilfe letztlich an der Grunderkrankung, der gegenüber sich der Behandelnde in eine passive Haltung begibt. Dem Sterbeprozess wird sein natürlicher Lauf gelassen. Dieser passiven Haltung geht jedoch eine sehr aktive Auseinandersetzung des Behandelnden voraus, mit der Frage, ob es angezeigt ist, die Therapie zu beenden oder eine Therapie gar nicht erst zu beginnen. Zu dieser Auseinandersetzung gehören intensive Gespräche mit dem Patienten selbst, oder, wenn dieser nicht mehr ansprechbar ist, mit den Angehörigen, um dem mutmaßlichen Willen des Patienten im vorliegenden Fall auf die Spur zu kommen und in seinem Sinne entscheiden zu können (vgl. Frieß 2010, S. 17).

Indirekte Sterbehilfe

Die indirekte Sterbehilfe bildet gemeinsam mit der passiven Sterbehilfe die am häufigsten praktizierte Form in Deutschland. Sie findet bei 90% der Ärzte grundsätzliche Zustimmung. Wenn es sich um finale Patienten handelt, also solche, deren Tod aufgrund der Grunderkrankung unmittelbar bevorsteht, stimmen sogar 95,7% der Ärzte der indirekten Sterbehilfe zu (vgl. Frieß 2010, S. 19).

In der letzten Phase einer tödlich verlaufenden Erkrankung kann es neben großen Schmerzen zu Angst- und Unruhezuständen bei den betroffenen Patienten kommen, die das Sterben belasten. Ihnen kann mit schmerzlindernden und sedierenden Medikamenten begegnet werden. Unter indirekter Sterbehilfe versteht man die Fälle, in denen Patienten solche Medikamente, wie beispielsweise Morphium, gegeben werden, wobei in Kauf genommen wird, dass diese Medikamente aufgrund der zusätzlichen Belastung des ohnehin geschwächten Körpers den Sterbeprozess beschleunigen (vgl. Platow 2010, S. 42).

Entscheidend ist dabei – vor allem auch im Hinblick auf die Unterscheidung zur aktiven Sterbehilfe – dass die Beschleunigung des Todeseintrittes eine ungewollte Nebenwirkung der Medikamentengabe darstellt. Auch wenn der Patient nicht ausschließlich an den Folgen der Grunderkrankung stirbt, sondern die medikamentöse Behandlung im Sinne eines ›double effect‹ dazu beiträgt, liegt die Intention nicht darin, den Tod des Menschen schneller herbeizuführen, sondern sein Leiden bis zum unvermeidlichen Todeseintritt zu lindern (vgl. Frieß 2010, S. 19f).

Assistierter Suizid

Der Begriff des assistierten Suizids oder auch der Beihilfe zur Selbsttötung bzw. Freitodbegleitung bezeichnet die »Mitwirkung bei der Selbsttötung eines erwachsenen, zurechnungsfähigen Menschen, vor allem durch die Verschaffung tödlich wirkender Medikamente, die Nichtverhinderung des suizidalen Aktes, aber auch durch das Unterlassen einer Behandlung des Suizidenten.« (Marquard 2007, S. 186)

Gemeint ist also die Übergabe einer tödlichen Medikamentenmischung, beziehungsweise eines tödlichen Giftes an den Sterbewilligen. Entscheidend ist in der Unterscheidung zur aktiven Sterbehilfe, dass der Patient das den Tod herbeiführende Mittel selbst zu sich nimmt und nicht von einer anderen Person verabreicht bekommt (vgl. Platow 2010, S. 43). Die über Tod oder Leben entscheidende letzte Handlung führt hier also der Sterbewillige selbst aus. Dieser hat also bis zum Schluss die uneingeschränkte Entscheidungsmacht, ob er den letzten Schritt gehen möchte oder nicht, während er diese bei der aktiven Sterbehilfe aus der Hand gibt (vgl. Frieß 2010, S. 22f).

3 Die rechtliche Lage

Gesetzeslage vor November 2015

»Jeder hat das Recht auf Leben und körperliche Unversehrtheit. Die Freiheit der Person ist unverletzlich. In diese Rechte darf nur auf Grund eines Gesetzes eingegriffen werden.« (Bundesministerium der Justiz und für Verbraucherschutz, GG für die Bundesrepublik Deutschland, Artikel 2).

Diese Worte aus dem zweiten Artikel des Grundgesetzes benennen die beiden Pole, zwischen denen sich die juristische Diskussion um Sterbehilfe bewegt (vgl. Frieß 2010, S. 30).

Nimmt man den ersten Artikel des Grundgesetzes hinzu, so garantiert der Staat dem Einzelnen die Unantastbarkeit der menschlichen Würde, das unbedingte Recht auf Leben und körperliche Unversehrtheit sowie das Recht auf Freiheit und freie Entfaltung (vgl. Platow 2010, S. 41).

Im Spannungsfeld dieser garantierten Rechte des Einzelnen, dem Schutz des Lebens und der individuellen Entscheidungsfreiheit, bewegt sich nun die Frage nach der Sterbehilfe, in der diese Rechte miteinander zu kollidieren drohen (vgl. Frieß 2010, S. 30). Die Grundfrage, die sich stellt, ist, »ob allein die größere überindividuelle Einheit – in diesem Fall die Gesellschaft, der Staat, der Gesetzgeber – darüber entscheiden darf oder muss, inwieweit jedes menschliche Leben ausnahmslos zu schützen ist, oder ob das eigene Leben allein der Verfügungsgewalt der kleineren, individuellen Einheit, also dem Zugriff des Einzelnen unterliegt.« (Frieß 2010, S. 30) Der Staat hat es sich zur Aufgabe gemacht, das Rechtsgut Leben für jeden Menschen durchzusetzen und zu schützen. Dem Schutz des Lebens kommt höchste Priorität zu. Dem entspricht ein grundsätzliches und striktes Fremdtötungsverbot. Die Frage ist nun aber, ob die Priorität des Schutzes des Rechtsgutes Leben zur Folge haben kann oder muss, dass selbiges auch vor dem Träger des Rechtsgutes selbst zu schützen ist, denn »das Tötungsverbot [schützt] das Leben nicht um seiner selbst willen, nicht als abstrakte Rechtsnorm, sondern um des einzelnen Menschen willen. Er soll um seiner selbst willen vor fremder Instrumentalisierung beschützt werden. Aus dem (...) Recht auf Leben kann dann aber keine Pflicht zum Leben abgeleitet werden (...).« (Frieß 2010, S. 30) Darf der Staat daher in die via Grundgesetz garantierte Freiheit des Menschen eingreifen und persönliche Entscheidungen für, beziehungsweise gegen das Leben übernehmen, nur um präventiv einer Gefährdung des Lebensschutzes und einer Aufweichung des Fremdtötungsverbotes vorzubeugen? Denn genau diese Gefahren scheinen doch zu bestehen, wenn es dem Individuum gestattet wird, über sein eigenes Leben, beziehungsweise seinen Tod zu bestimmen (vgl. Frieß 2010, S. 30f).

Die gesetzlichen Grundlagen

Der § 216 des Strafgesetzbuches besagt zunächst ganz grundsätzlich, dass jede Form der Sterbehilfe nach deutschem Recht strafbar ist (vgl. Platow 2010, S. 41):

»(1) Ist jemand durch das ausdrückliche und ernstliche Verlangen des Getöteten zur Tötung bestimmt worden, so ist auf Freiheitsstrafe von sechs Monaten bis zu fünf Jahren zu erkennen.
(2) Der Versuch ist strafbar.« (Wolfslast 2001, S. 2)

Allerdings verweist das Strafgesetzbuch im Zusammenhang mit den Regelungen zur Körperverletzung in § 223 StGB darauf, dass eine Weiterbehandlung eines Patienten über das für ihn erträgliche Maß hinaus den Straftatbestand der Körperverletzung erfüllt und entsprechend bestraft wird (vgl. Platow 2010, S. 41). Dies gilt grundsätzlich für jede Behandlung gegen den Willen des Patienten (vgl. Frieß 2010, S. 32).

Die gesetzlichen Regelungen zum Begehen durch Unterlassen in § 13 StGB und zur unterlassenen Hilfeleistung in § 323 StGB werden im Zusammenhang mit Sterbehilfe grundsätzlich eher »im Sinne einer lindernden Unterstützung des Sterbenden und nicht als straffällige Unterlassung gedeutet.« (Platow 2010, S. 41)

Wird ein Mediziner der Sterbehilfe bezichtigt, so sieht die Rechtsprechung nach § 153 der Strafprozessordnung eine Einstellung der strafrechtlichen Verfolgung vor. Dabei wird verwiesen auf die geringe Schuld und die Tragik der Situation.

Grundsätzlich gilt der Wille des Sterbenden als höchstes Gesetz, bei ihm liegt die letzte Entscheidung, welcher Behandlung er sich unterziehen möchte und welche er demgegenüber ablehnt. Ist der Wille des Patienten, beispielsweise aufgrund von Bewusstlosigkeit, nicht mehr festzustellen und vorsorgende Dokumente liegen nicht vor, muss der Arzt gemeinsam mit den Angehörigen über die weitere Vorgehensweise beraten (vgl. Platow 2010, S. 40f).

Rechtliche Regelung der passiven Sterbehilfe

Die passive Sterbehilfe ist in Deutschland nicht eindeutig rechtlich geregelt. Grundsätzlich ist das Sterbenlassen von Patienten durch Unterlassen in Deutschland als unterlassene Hilfeleistung strafbar. Erlaubt ist sie beim todkranken Patienten, wenn bestimmte Bedingungen erfüllt sind. Verlangt der einwilligungsfähige Patient die Unterlassung lebensverlängernder Maßnahmen, so gilt die passive Sterbehilfe als geboten (vgl. Schwendemann 2011, S. 51f).

Wenn der Tod eines Patienten unmittelbar bevorsteht, werden die Handlungen der passiven Sterbehilfe als rechtskonforme Hilfe beim Sterben gewertet. Besteht noch keine unmittelbare Todesnähe, spricht der Bundesgerichtshof von Hilfe zum Sterben (vgl. Frieß 2010, S. 33).

Passive Sterbehilfe ist straflos, wenn erstens eine ungünstige, zum Tod des Patienten führende Prognose für den weiteren Verlauf der Erkrankung gestellt ist und unmittelbare Todesnähe besteht. Zweitens muss der Behandlungsverzicht beziehungsweise -abbruch dem aktuellen Wunsch des Patienten entsprechen. Ist dieser nicht mehr in der Lage, seine Wünsche zu äußern, muss der Verzicht auf eine (Weiter-)Behandlung in einer auf die konkrete Situation bezogenen Patientenverfügung gewünscht sein. Liegt auch eine solche nicht vor, muss der Behandlungsverzicht dem mutmaßlichen Willen des Patienten entsprechen. Dieser muss gemeinsam durch den behandelnden Arzt und den zum Betreuer eingesetzten Angehörigen eruiert werden (vgl. Marquard 2007, S. 187).

Bis zum Jahr 2005 war es notwendig, dass der zum Betreuenden eingesetzte Angehörige die Beendigung der künstlichen Ernährung im Falle eines nicht mehr äußerungsfähigen Patienten beim Vormundschaftsgericht beantragen musste. Das Gericht musste die Prognose eines irreversiblen, tödlichen Verlaufs der Krankheit überprüfen und den mutmaßlichen Willen des Patienten eruieren. Seit 2005 ist diese Vorgehensweise nur in dem Fall notwendig, wenn der Arzt und der Betreuende sich bei der Entscheidung nicht einig werden können. Im Falle einer Einigung, muss das Gericht nicht eingeschaltet werden und die Entscheidung des Arztes und des Betreuenden ist für Dritte bindend. Wird der Patient gegen den Willen des Betreuenden und des Arztes weiter ernährt, handelt es sich um einen rechtswidrigen Eingriff in das Selbstbestimmungsrecht des Patienten (vgl. Frieß 2010, S. 34–36).

Rechtliche Regelung der indirekten Sterbehilfe

»Wünscht der Patient ein möglichst schmerzfreies Sterben, so ist dieser Wunsch höher zu bewerten als eine Verlängerung der Lebenszeit bei schweren Schmerzen. Die subjektive Lebensqualität des Patienten im Hinblick auf seine Rest-Lebenszeit ist einer objektiven Lebensdauer übergeordnet.« (Marquard 2007, S. 187)

Die Verweigerung einer adäquaten Schmerztherapie kann strafrechtlich als unterlassene Hilfeleistung oder Körperverletzung geahndet werden. Der Arzt ist demnach dazu verpflichtet, dem Patienten ausreichend Medikamente zur Linderung seiner Beschwerden zu verabreichen (vgl. Schwendemann 2011, S. 52).

Legal ist indirekte Sterbehilfe dann, wenn sie dem ausdrücklichen oder mutmaßlichen Willen des Patienten entspricht und die Verabreichung der Medikamente allein durch das Bestreben nach Schmerz- und Leidensminderung motiviert ist und somit der beschleunigte Todeseintritt lediglich als in Kauf genommene Nebenfolge erscheint. Hierin besteht – wie bereits dargelegt – die Grenze zur aktiven Sterbehilfe. Die Überschreitung dieser Grenze ist im konkreten Fall vielfach jedoch schwer auszuschließen oder nachzuweisen (vgl. Frieß 2010, S. 37).

Rechtliche Regelung der aktiven Sterbehilfe

In Bezug auf aktive Sterbehilfe ist die Rechtslage in Deutschland eindeutig. Nach § 216 StGB ist nicht nur die Durchführung einer Tötung auf Verlangen, sondern bereits der Versuch strafbar. Gegenüber dem in § 212 StGB geregelten Tatbestand des Totschlages stellt die Tötung auf Verlangen jedoch ein milder bestraftes Tötungsdelikt dar. Begründet wird die Unrechtsminderung durch das ausdrückliche Verlangen des Sterbewilligen, die Bestimmung des Täters durch den Sterbewilligen und die Mitleids- und Hilfsmotivation des Täters. Der gesundheitliche Zustand des Patienten, implizit die unmittelbare Todesnähe, spielt bei der juristischen Bewertung keine Rolle, ebenso wenig wie das Verhältnis zwischen Täter und Sterbewilligem (vgl. Frieß 2010, S. 37f).

Entscheidend für die Strafminderung ist, dass der Sterbewillige den Täter ausdrücklich zur Tat bestimmt und dieser den Sterbewilligen ohne diese Bestimmung nicht getötet hätte. Weiterhin muss die Willensäußerung ernsthaft, ausdrücklich und zweifelsfrei sein (vgl. Frieß 2010, S. 38f).

Gegen das Verbot der aktiven Sterbehilfe in Deutschland wird vielfach Kritik ins Feld geführt. Hier sollen exemplarisch einige Argumente genannt werden, die zum Überdenken der Rechtslage anregen können: So erscheint beispielsweise die Begründung des Gesetzgebers, dass das

Leben ein unveräußerliches Rechtsgut ist, in Bezug auf die Tötung auf Verlangen kein hinreichendes Argument für ein Verbot zu sein (vgl. Frieß 2010, S. 40). Denn es wird »bei der Tötung auf Verlangen das Gut gar nicht veräußert, sondern lediglich dem Träger des Rechtsgutes (…) bei dem geholfen, was er mit seinem Rechtsgut tun will, nämlich es zu zerstören.« (Frieß 2010, S. 40)

Eine weitere Argumentation zielt darauf ab, dass jedem Sterbewilligen gleichermaßen die Entscheidungsfreiheit über sein Rechtsgut Leben zugestanden sein sollte. Es liegt ein Widersinn in der Tatsache, dass sich ein schwerst Krebskranker bei der Beendigung seines Lebens helfen lassen darf, indem er beispielsweise indirekte Sterbehilfe in Anspruch nimmt oder gar assistierten Suizid (zur rechtlichen Lage s.u.), einem gelähmten Patienten diese Möglichkeit aber durch die Strafbarkeit entzogen wird (vgl. Frieß 2010, S. 40f).

Sterbehilfe / Assistierter Suizid im europäischen Ausland

In einer unserer konzipierten Unterrichtsstunden liegt ein Schwerpunkt auf dem assistierten Suizid anhand eines Fallbeispiels aus der französischsprachigen Schweiz. Gegenstand des Films ist, der im Rahmen der Unterrichtsstunde gezeigt wird, Sterbehilfe im europäischen Ausland. Eine genauere Darstellung der rechtlichen Begebenheiten bzw. eine detaillierte Beschreibung der Abläufe in diesen drei Ländern würde den Rahmen dieser Arbeit sprengen. Exemplarisch soll hier der Ablauf eines assistierten Suizids in der Schweiz durch die supranational wirkende Organisation »Dignitas« dargestellt werden.

Neue Gesetzeslage nach Bundestagsbeschluss (Novelle 6.11.2015)

Rechtliche Regelung des assistierten Suizids

»Die Sterbehilfe wird in Deutschland neu geregelt. Der Bundestag entschied sich am **Freitag, 6. November 2015**, für die Annahme eines von den Abgeordneten **Michael Brand (CDU/CSU), Kerstin Griese (SPD), Kathrin Vogler (Die Linke)** und **Dr. Harald Terpe (Bündnis 90/Die Grünen)** und anderen fraktionsübergreifend initiierten Gesetzentwurfs (18/5373). Darin ist vorgesehen, **geschäftsmäßige Suizidbeihilfe** (im Original nicht fett) unter Strafe zu stellen und einen entsprechenden Paragrafen im Strafgesetzbuch zu schaffen. Davon betroffen sind Vereine, Organisationen und Einzelpersonen, die mit gewerbsmäßiger Absicht Suizidassistenz anbieten. Ihnen droht bei einer Verurteilung eine Geld- oder Freiheitsstrafe von bis zu drei Jahren. Angehörige oder dem Suizidwilligen nahestehende Personen, die im Einzelfall handeln, sind hingegen von der Strafandrohung ausgenommen.« https://www.bundestag.de/dokumente/textarchiv/2015/kw45_de_sterbebegleitung/392450

Assistierter Suizid bleibt nach dieser Entscheidung in Deutschland unter klar definierten Vorgaben straflos. Es bestehen jedoch Strafbarkeitsrisiken (vgl. Marquard 2007, S. 187). Da Suizid in Deutschland keinen Straftatbestand darstellt, ist folgerichtig auch die Beihilfe zum Suizid keiner (vgl. Frieß 2010, S. 43). Straffrei ist die Teilnahme an einem Suizid aber nur dann, wenn »der Lebensmüde allein die Tatherrschaft über das ganze Geschehen hat, das letztlich zum Tode führt. Sobald die entscheidende Tatherrschaft beim Helfer liegt, macht sich dieser strafbar (…).« (Frieß 2010, S. 43) Auf diese Weise soll jede Form der Fremdbestimmung des suizidalen Aktes ausgeschlossen werden. Wenn ein Mensch willens ist, sich selbst zu töten und das dann auch durchführt, so ist davon auszugehen, dass es wirklich sein ernsthafter Wille ist, zu sterben. Er behält zu jedem Zeitpunkt der Durchführung die Entscheidungsgewalt, kann seinen Entschluss also jederzeit revidieren. Trotz strafrechtlicher Unbedenklichkeit gibt es in Deutschland keine den europäischen Nachbarländern vergleichbare Praxis des assistierten Suizids (vgl. Frieß 2010, S. 43). Das liegt vor allem an den Strafbarkeitsrisiken für den behandelnden Arzt, denn dieser bleibt dem Patienten gegenüber hilfspflichtig, auch wenn dieser aus freien Stücken Hand an sich gelegt hat (vgl. Marquard 2007, S. 187; Marquard 2014, S. 54–61).

Die vom Bundestag beschlossene Novelle vom 6.11.2015 sieht folgende Regelungen vor:

Entwurf eines Gesetzes zur Strafbarkeit der geschäftsmäßigen Förderung der Selbsttötung

A. Problem Das deutsche Rechtssystem verzichtet darauf, die eigenverantwortliche Selbsttötung unter Strafe zu stellen, da sie sich nicht gegen einen anderen Menschen richtet und der freiheitliche Rechtsstaat keine allgemeine, erzwingbare Rechtspflicht zum Leben kennt. Dementsprechend sind auch der Suizidversuch oder die Teilnahme an einem Suizid(-versuch) straffrei. Dieses Regelungskonzept hat sich grundsätzlich bewährt. Die prinzipielle Straflosigkeit des Suizids und der Teilnahme daran sollte deshalb nicht infrage gestellt werden. Eine Korrektur ist aber dort erforderlich, wo geschäftsmäßige Angebote die Suizidhilfe als normale Behandlungsoption erscheinen lassen und Menschen dazu verleiten können, sich das Leben zu nehmen. Ziel des vorliegenden Gesetzentwurfes ist es, die Entwicklung der Beihilfe zum Suizid (assistierter Suizid) zu einem Dienstleistungsangebot der gesundheitlichen

Versorgung zu verhindern. In Deutschland nehmen Fälle zu, in denen Vereine oder auch einschlägig bekannte Einzelpersonen die Beihilfe zum Suizid regelmäßig anbieten, beispielsweise durch die Gewährung, Verschaffung oder Vermittlung eines tödlichen Medikamentes. Dadurch droht eine gesellschaftliche »Normalisierung«, ein »Gewöhnungseffekt« an solche organisierten Formen des assistierten Suizids, einzutreten. Insbesondere alte und/ oder kranke Menschen können sich dadurch zu einem assistierten Suizid verleiten lassen oder gar direkt oder indirekt gedrängt fühlen. Ohne die Verfügbarkeit solcher Angebote würden sie eine solche Entscheidung nicht erwägen, geschweige denn treffen. Solchen nicht notwendig kommerziell orientierten, aber geschäftsmäßigen, also auf Wiederholung angelegten Handlungen ist deshalb zum Schutz der Selbstbestimmung und des Grundrechts auf Leben auch mit den Mitteln des Strafrechts entgegenzuwirken. Der hier vorgelegte Entwurf kriminalisiert ausdrücklich nicht die Suizidhilfe, die im Einzelfall in einer schwierigen Konfliktsituation gewährt wird. Ein vollständiges strafbewehrtes Verbot der Beihilfe zum Suizid, wie es in einzelnen anderen europäischen Staaten besteht, ist politisch nicht gewollt und wäre mit den verfassungspolitischen Grundentscheidungen des Grundgesetzes kaum zu vereinbaren. Gleichzeitig wird durch eine gesonderte Regelung klargestellt, dass Angehörige oder andere dem Suizidwilligen nahestehende Personen sich nicht strafbar machen, wenn sie lediglich Teilnehmer an der Tat sind und selbst nicht geschäftsmäßig handeln.

B. LÖSUNG Der Entwurf schlägt die Schaffung eines neuen Straftatbestandes im Strafgesetzbuch (StGB) vor (§ 217 StGB-E), der in Absatz 1 die geschäftsmäßige Förderung der Selbsttötung unter Strafe stellt. Diese Tätigkeit soll als abstrakt das Leben gefährdende Handlung verboten werden. Nach Absatz 2 sollen Angehörige oder andere dem Suizidwilligen nahestehende Personen, die sich lediglich als nicht geschäftsmäßig handelnde Teilnehmer an der Tat beteiligen, von der Strafandrohung ausgenommen werden.

C. ALTERNATIVEN Der nicht weiterverfolgte Gesetzentwurf der Bundesregierung aus dem Jahr 2012 (Bundestagsdrucksache 17/11126) schlug vor, lediglich die gewerbsmäßige Förderung der Selbsttötung unter Strafe zu stellen, und ist somit enger gefasst als der hier vorgelegte Entwurf. Gleiches gilt für den Vorschlag, im Vorfeld der eigentlichen Rechtsgutgefährdung angesiedelte Werbemaßnahmen unter Strafe zu stellen (Bundesratsdrucksache 149/10). Eine Modifikation dieser Initiative sah vor, sowohl die gewerbliche Suizidbeihilfe als auch die Werbung für eine Suizidhilfevereinigung für strafwürdig zu befinden (Bundesratsdrucksache 149/1/10). Weiter geht hingegen der Vorschlag, die Beihilfe zum Suizid strafrechtlich vollständig zu verbieten. (…)

Der Bundestag hat das folgende Gesetz beschlossen:

Artikel 1

Änderung des Strafgesetzbuchs

Das Strafgesetzbuch in der Fassung der Bekanntmachung vom 13. November 1998 (BGBl. I S. 3322), das zuletzt durch Artikel … des Gesetzes vom … (BGBl. I S. …) geändert worden ist, wird wie folgt geändert:
1. In der Inhaltsübersicht wird die Angabe zu § 217 wie folgt gefasst:
   »§ 217 Geschäftsmäßige Förderung der Selbsttötung«.
2. § 217 wird wie folgt gefasst:

»§ 217
Geschäftsmäßige Förderung der Selbsttötung
(1) Wer in der Absicht, die Selbsttötung eines anderen zu fördern, diesem hierzu geschäftsmäßig die Gelegenheit gewährt, verschafft oder vermittelt, wird mit Freiheitsstrafe bis zu drei Jahren oder mit Geldstrafe bestraft.
(2) Als Teilnehmer bleibt straffrei, wer selbst nicht geschäftsmäßig handelt und entweder Angehöriger des in Absatz 1 genannten anderen ist oder diesem nahesteht.«

Artikel 2

Inkrafttreten

Dieses Gesetz tritt am Tag nach der Verkündung in Kraft.

http://dip21.bundestag.de/dip21/btd/18/053/1805373.pdf

4 Assistierter Suizid in der Schweiz

Rechtsgrundlage

Der assistierte Suizid ist in der Schweiz straffrei. Anders als in Deutschland finden sich hier aber strengere rechtliche Reglementierungen. Damit ein assistierter Suizid ohne Straffolge bleiben kann, darf die Person des Täters keine nachweisbaren, selbstsüchtigen Motive durch die unterstützte Tötung des Patienten haben. Dies beruht auf § 115 Schweizer StGB, wo eine Beihilfe zur Selbsttötung mit bis zu fünf Jahren Freiheitsentzug geahndet wird oder aber eine Geldstrafe beim Nachweis von eben genannten Motiven vorgesehen ist (vgl. Lebensschutz in Rheinland-Pfalz, Themen, Sterbehilfe, Schweiz).

Mit Blick auf die Bundesrepublik und die Schweiz lässt sich folglich sagen, dass der assistierte Suizid in beiden Ländern zulässig ist, soweit dies im vollen Einverständnis mit dem Sterbewilligen geschieht. Die aktive Sterbehilfe hingegen ist in beiden Ländern verboten, sowohl die passive als auch die indirekte Sterbehilfe sind zulässig (vgl. Lebensschutz in Rheinland-Pfalz, Themen, Sterbehilfe, Schweiz).

Dignitas & EXIT

»Dignitas« und »EXIT« sind die beiden größten Organisationen aus der Schweiz, die assistierten Suizid praktizieren. Dies ist überhaupt erst dadurch möglich, dass alle Mitarbeiter dieser Organisationen bewusst als Ehrenamtliche geführt und beschäftigt werden, um unter keinen Umständen den Tatbestand der »eigennützigen Motive« bei einer Beihilfe zur Selbsttötung zu erfüllen (vgl. Lebensschutz in Rheinland-Pfalz, Themen, Sterbehilfe, Schweiz, Dignitas und Exit). Der Journalist und Rechtsanwalt Ludwig Amadeus Minelli gründete 2005 auch Ableger von »Dignitas« in der Bundesrepublik Deutschland. Die Werbung in deutschen Medien für den assistierten Suizid von »Dignitas« war in den letzten Jahren umstritten. Trotz allem wurden im Jahr 2011 »[…] von Dignitas 160 Selbstmorde unterstützt, hiervon hatten 72 Personen ihren Wohnsitz in Deutschland, 22 stammten aus Großbritannien und nur elf stammten aus der Schweiz.« (Lebensschutz in Rheinland-Pfalz, Themen, Sterbehilfe, Schweiz, Dignitas und Exit).

Schritte zum assistierten Suizid bei Dignitas

Bevor ein assistierter Suizid durchgeführt wird, müssen verschiedene Schritte durchlaufen werden. »Dignitas« schildert diese auf seiner offiziellen Internetseite:

Voraussetzungen für die Begleitung von »Dignitas« bei einem Suizid sind zum einen die Mitgliedschaft bei der Organisation selbst, eine nachweisbare Urteilsfähigkeit der Person und die nachweisliche, minimale körperliche Aktionsfähigkeit. Des Weiteren geschieht dieser assistierte Suizid unter Mitwirkung von mindestens einem schweizerischen Arzt, da das todbringende Medikament nur über ein ärztliches Rezept erlangt werden kann. Es muss entweder eine Krankheit vorliegen, die unweigerlich zum Tod führt, eine »unzumutbare Behinderung« oder aber der Patient muss unter nicht beherrschbaren Schmerzen leiden (Dignitas – Menschenwürdig leben, Menschenwürdig sterben).

Die Vorbereitungsphase wird durch ein schriftliches Gesuch des Klienten an »Dignitas« selbst eingeleitet. Für alle folgenden Schritte muss der Patient ein entsprechendes ärztliches Rezept besitzen, welches von einem Schweizer Arzt ausgestellt werden muss und das die Freigabe für die notwendigen Medikamente gibt. Menschen, die nicht in der Schweiz wohnen, müssen vorerst einen Termin ausmachen und dann in die Schweiz reisen, um ein solches Rezept nach einer medizinischen Untersuchung von einem Schweizer Arzt zu erhalten. In diesem Fall wird der Arzt von »Dignitas« gestellt. Staatsangehörigen der Schweiz steht es hingegen frei, den eigenen Hausarzt für ein solches Rezept aufzusuchen (vgl. Dignitas – Menschenwürdig leben, Menschenwürdig sterben). Der Klient ist dazu angehalten, das Vorhaben gründlich mit dem Arzt zu besprechen.

Die Freitodbegleitung ist die zweite Phase bei der Durchführung eines assistierten Suizids durch »Dignitas«. Menschen mit Wohnsitz in der Schweiz steht die Möglichkeit offen, dass diese in ihrer eigenen Wohnung bzw. ihrem eigenen Haus sterben. Wer nicht in der Schweiz wohnt bekommt die Möglichkeit, nach Vereinbarung eines Termins, in »[…] zweckmäßig eingerichteten Räumen […]« (Dignitas – Menschenwürdig leben, Menschenwürdig sterben) den assistierten Suizid zu vollziehen.

Unabhängig von dem Wohnsitz der Person ist der Ablauf in beiden Fällen derselbe: Über den zeitlichen Ablauf entscheidet allein die sterbewillige Person. »Dignitas« selbst stellt lediglich Begleitpersonen, die für »[…] den richtigen technischen Ablauf verantwortlich sind.« (Dignitas – Menschenwürdig leben, Menschenwürdig sterben) Ist der Moment gekommen, in dem der Sterbewillige den letzten Schritt gehen möchte, wird ihm ein Medikament gereicht, das er selbstständig zu sich nimmt. Hierbei handelt es sich um Natrium-Pentobarbital, ein starkes Schlaf- und Narkosemittel, welches den Klienten erst einschlafen und anschließend versterben lässt. Menschen, die sich selbst ernähren können, wird hierfür ein Glas Wasser gereicht, in welchem das Mittel aufgelöst ist. Menschen mit Magensonden müssen es sich selbst durch die Magensonde zuführen. Wer selbst das nicht mehr kann, muss sich das Medikament mit Hilfe einer Infusion verabreichen. Hierbei ist jedoch jeweils zu beachten, dass »Dignitas« aus rechtlichen Gründen niemals bei dem Verabreichen des tödlichen Medikaments helfen darf, selbst die Infusionen müssen bereits vollständig gesetzt sein. Nach dem Konsumieren des Medikaments schläft die Person erst ein, fällt danach in ein Koma und stirbt letztendlich durch ein Versagen des Atemzentrums. Der Tod tritt nach zwei bis fünf Minuten ein und ist laut »Dignitas« gänzlich risiko- und schmerzfrei (Dignitas – Menschenwürdig leben, Menschenwürdig sterben). Bei diesem gesamten Prozess dürfen Angehörige des/der Sterbenden anwesend sein. Nach dem Eintreten des Todes muss die Polizei über das Versterben informiert werden, da es sich hierbei nach dem Gesetz der Schweiz um einen sogenannten »außergewöhnlichen Todesfall« handelt (vgl. Mund 2005).

Nacharbeit von Dignitas stellt ebenfalls ein Angebot dieser Organisation dar. So steht es den Angehörigen frei, sich direkt an »Dignitas« zu wenden, um Hilfe und Beratung zur Trauerbewältigung zu erhalten (vgl. Dignitas – Menschenwürdig leben, Menschenwürdig sterben).

Organisation EXIT

Die Organisation EXIT, ansässig in der Schweiz und, anders als »Dignitas«, ausschließlich im Dienste von schweizerischen Bürgerinnen und Bürgern, bietet ebenfalls Sterbebegleitung beim assistierten Suizid an. Der Ablauf unterscheidet sich jedoch nicht von der Vorgehensweise bei »Dignitas«.

Die medizinischen Voruntersuchungen, Terminbesprechungen und prinzipielle Grundvoraussetzungen sind vergleichbar. Auch hier handelt es sich letztendlich um den Konsum einer todbringenden Dosis von Natrium-Pentobarbital, welches von einem ansässigen Arzt verschrieben werden muss (vgl. Homepage der Organisation EXIT, Freitodbegleitung, Wie läuft eine Freitodbegleitung ab?).

Assistierter Suizid in Belgien, Niederlande und Luxemburg

Ebenso wie in der Schweiz ist der assistierte Suizid auch in Belgien, den Niederlanden und in Luxemburg zulässig. Hierfür müssen aus rechtlicher Perspektive verschiedene Kriterien erfüllt werden. So muss es sich bei der betreffenden Person um jemanden handeln, der sich in einem »aussichtslosen Krankheitszustand« befindet und der in vollem Besitz seiner geistigen Kräfte und Entscheidungsfähigkeit den Wunsch zu sterben äußert. Insbesondere die Diagnose des Patienten muss durch einen zweiten, unabhängigen Arzt vollzogen werden (vgl. Homepage Deutsche Stiftung Patientenschutz, Themen, Assistierter Suizid).
Unter M 7 (S. 53) findet sich eine Übersicht über die Regelungen zur Sterbehilfe in den einzelnen europäischen Staaten (Stand: November 2015).

5 Utilitarismus

Die utilitaristische Theorie ist eine am Nutzen und der Effizienz orientierte philosophische Denkrichtung. Dabei ist zunächst unerheblich, wie diese vollständig allgemeine Theorie im Einzelnen interpretiert wird. Denn die Grundorientierung dieser Gerechtigkeitstheorie bezieht sich letztendlich auf alle Arten von Gegenständen, von individuellen Handlungen sowie persönlichen Beziehungen bis hin zu den Organisationsstrukturen einer Gesellschaft sowie der daraus determinierten Rechtsauffassung der Völker (vgl. Rawls, 1998, S. 78 i.V.m. S. 369). Ausgangs- und gleichermaßen Zielpunkt utilitaristischer Denkrichtungen ist u.E. ein auf Hedonismus und Wünschen ausgerichteter konsequenter Individualismus. Aus unserer Sicht zieht eine solche Fokussierung weitreichende Konsequenzen und Gefahren, für eine auf Teilhabe und der freien Entfaltung des Subjektes ausgerichtete Gesellschaft, nach sich. Mit Martha Craven Nussbaum formuliert: »Wünsche, so meint die heutige Aristotelikerin, sind ein leicht zu entstellender, unbeständiger und unzuverlässiger Wegweiser zu einem wirklich gedeihlichen menschlichen Leben« (Nussbaum, Gerechtigkeit oder Das gute Leben – Gender Studies, 1999, S. 97). Denn, nochmals anders formuliert, das Gute wird in dieser Theorie konsequenterweise und ausschließlich über den Nutzen des Individuums und einer Gesellschaft festgelegt. Wenn man diese Definition zugrunde legt, dann muss doch die zentrale Fragestellung lauten: Wer definiert in diesem Zusammenhang den Nutzen für wen? (vgl. Nussbaum 2010, S. 35) Diese Fragestellung ist aus christlicher und gleichermaßen aristotelischer Sicht essenzieller Natur! Sie kann deshalb keinesfalls aus einer individuellen, hedonistischen oder gleichwie gemittelten Perspektive heraus beantwortet werden. Sie ist, und dies erscheint uns der zentrale Ausgangspunkt für o.b. Fragestellungen zu sein, ausschließlich aus der Perspektive der Würde des Menschen heraus zu beantworten.

Dies bedeutet allerdings nicht, dass Theorien, wie z.B. die des Capability Approach (CaAp) von Amartya Sen ungeeignet wären, sich auf Teilhabe und freie Entfaltung des Subjekts zu stützen, auch wenn sie in erster Linie auf individualistischen und somit auf den Fähigkeiten eines Individuums fußenden Überlegungen beruhen. Denn der Theorie des *CaAp* ist inhärent, dass dieser Ansatz methodologisch um einen von Faktoren des sozialen Umfeldes ergänzenden Teil erweitert wird. Somit sind klare Referenzlinien zwischen *CaAp* sowie anerkennungstheoretischer und interpersoneller Überlegungen, wie z.B. jenen Axel Honneths, deutlich zu erkennen. Diese intersubjektiven, auf die Beziehungen der Menschen und der unveräußerlichen Würde des Menschen ausgerichteten Theorien, bilden insofern die konsequente Basis unserer weiteren Überlegungen zur Erörterung der Themenstellung eines sogenannten »selbstbestimmten« Lebensendes.

Bin ich für eine Gesellschaft noch von Nutzen?

Eine Fragestellung, die bei gläubigen bzw. humanistisch gebildeten Menschen unmittelbar essenzielle und somit ontologische Fragen aufwirft, die u.a. untrennbar mit Immanuel Kants »Verzwecklichungsverbot« des Menschen oder auch des menschlichen Würdeverständnisses von Wilfried Härle verbunden sind. So kann mit Wilfried Härle gesagt werden, dass das Postulat nach der Würde des Menschen und im weiteren Sinne auch der Menschenwürde, eine kategoriale Forderung darstellt. Kategorial dergestalt, dass die Würde eines Menschen geschenkt ist und deshalb nicht von einem anderen Menschen geschaffen, anerkannt oder abgesprochen werden kann. Würde liegt also im Würde(n)träger selbst begründet (vgl. Härle 2010, S. 9). Insofern definiert Wilfried Härle: »Würde ist ein Anrecht auf Achtung« (Härle 2010, S. 9). Wilfried Härle konstatiert hier einen wesentlichen Unterschied zwischen Recht und Anrecht. So gesehen, muss eine rechtliche Trennung im Sinne einer präskriptiven Ethik vorgenommen werden, weil es sich bei der Würde des Menschen um eine göttliche Gnade handelt, die nach reformatorischem Grundverständnis erst die Rechtfertigung des Menschen begründet (vgl. Schwendemann 2013, S. 57).

Konstitutiv in diesem Zusammenhang ist, der von Amartya Sen in seinem Hauptwerk »Die Idee der Gerechtigkeit« beschriebene *CaAp*, der stark von der Auffassung geprägt ist, dass die Freiheit von Menschen im sozialen Miteinander der Intersubjektivität verortet sei. Im Zusammenwirken mit dem jeweils anderen entstehe das »So-Sein«. Dies ermögliche dem Individuum, sein Leben in Freiheit zu gestalten, indem es aus den verschiedenen, ihm zur Verfügung stehenden Optionen, frei wählen kann, um damit Freiheit und Wohlbefinden zu erreichen (vgl. Eiffe 2010, S. 148). Diese Definition zugrunde gelegt, könnte schnell die Vermutung entstehen, dass wenn man sich nur auf diese »individualistischen« Wesensmerkmale des Menschen festlegen würde, man Gefahr laufe, sich schlussendlich doch nur auf die Nutzenorientierung des Individuums zu reduzieren. Hier führt Amartya Sen an, dass der intrinsische Wunsch eines Individuums nach Freiheit nicht nur am Aspekt des persönlichen Wohlbefindens ausgerichtet sei. Denn das Individuum, eingebettet in soziale Systeme, ist auch von moralischen Überlegungen geleitet, nämlich höheren Zielen, als denen der persönlichen Nutzenüberlegungen zu folgen. So kann Amartya Sen sagen: »Wohlbefinden kann durch eine Handlung, die durch Agency motiviert ist, reduziert werden. Man denke etwa an Aktivisten, die sich an Bahngleise ketten, um den Abtransport radioaktiven Materials zu verhindern« (Amartya Sen in Eiffe 2010, S. 157). Dies macht deutlich, dass hier auf ein Beziehungsgeschehen verwiesen wird, das auf die wechselseitige Abhängigkeit der Menschen und zwar im Sinne von ›der Mensch als soziales Wesen der Beziehung‹ abzielt.

So wird klar, dass die Individuen im sozialen Raum ihrer Lebenswelt agieren und denken. Sie sind deshalb folgerichtig darauf angewiesen, mit den Subjekten dieses Raumes zu interagieren bzw. von diesen Subjekten und deren Institutionen die notwendige Anerkennung oder, um in der Terminologie Amartya Sens zu bleiben, Chancen zu erhalten. Insofern ist es schlechterdings nur schwer vorstellbar, »dass Menschen in einer Gesellschaft denken, wählen oder handeln können, ohne auf die ein oder andere Weise von der Art und dem Funktionieren ihrer Lebenswelt beeinflusst zu sein« (Sen 2010, S. 272). Dieser, nach unserer Auffassung, pragmatische, weil an der tatsächlichen Lebenswelt ansetzende Umstand, der auf die tatsächlich realisierten Ziele und Möglichkeiten eines Menschen abhebt, spricht den *CaAp* u.E. frei, eine utilitaristische Theorie zu sein. Denn der utilitaristische Nutzenbegriff fundiert ja in einem im Subjektivismus innewohnenden, angepassten Gefühl des Wohlergehens, was der *CaAp* gerade nicht sein will, wenn er auf die objektive Zielerreichung und Umsetzung der Möglichkeiten eines Individuums in Interaktion mit der Gesellschaft rekurriert (vgl. Eiffe 2010, S. 146). Dies wird umso deutlicher, wenn man die sogenannte Positions-Abhängigkeit des Urteils, der Bewertung berücksichtigt. Positions-Abhängigkeit will in diesem Kontext heißen, dass das Urteil eines Handelnden nicht von dessen persönlich wahrgenommenem Zustand abhängt, sondern von der Position, in der sich der Handlungsträger objektiv befindet (Eiffe 2010, S. 161f). Mit anderen Worten, die persönliche Situiertheit ist nicht das entscheidende Kriterium einer solchen Analyse, sondern vielmehr die objektive Lage des Individuums.

In die soziale Praxis übersetzt heißt dies: Menschen an den Kreuzungspunkten des Lebens passen ihre Wünsche und Ziele an ihre Situation an, obwohl ihre Fähigkeiten es zuließen, durchaus anspruchsvollere Ziele – an diesem Beispiel ein Leben und Sterben ohne Schmerzen aber getragen von gelingenden Beziehungen – und Wünsche zu realisieren. Somit passen sie diese an die soziale Lage ihres Seins an und unterschätzen dadurch ihre objektive Lage, indem sie ihre Wünsche nach einem besseren Leben im Sterbenwollen ausblenden.

Genau an dieser Stelle wird deutlich, dass ein am Nutzen, an der Verwertbarkeit der menschlichen Ressourcen orientiertes System, die existenziellen Fragestellung der Individuen: »bin ich für die Gesellschaft noch von Nutzen« oder »falle ich der Gesellschaft oder den Angehörigen nicht unnötig zur Last« subtil für das Individuum beantwortet. Nützlich ist – in einem so definierten Utilitarismus – nur der, der der Gesellschaft zum allgemeinen und utilitaristisch-normierten Glück verhilft. Effizienz und Glück ist in einem so gelagerten Denken, mit hedonistisch-materiellen Zielen umspannt. Nützlich kann demzufolge nur jenes Subjekt sein, das zu den hedonistisch-materiell vorgegebenen Parametern beitragen kann. Dass diese Analyse, wenn auch nicht in ihrer Wortradikalität aber in ihrer inhaltlichen Aussage gerechtfertigt sein mag, möge folgendes Zitat belegen. Der zweitreichste Mann der Welt, Warren Buffett, formulierte es in einem Interview mit Ben Stein in der New York Times einmal so: »There's class warfare, all right,« Mr. Buffett said, »but it's my class, the rich class, that's making war, and we're winning.« (Stein 2006). So wird der Wunsch nach einem langen und erfüllten Leben, den vermutlich jeder Mensch in sich trägt, zum Wunsch nach einem längstmöglich nützlichen Leben verzerrt. Oder mit Frank Schirrmacher formuliert: »Wie könnte man einer Theorie widerstehen, die nichts zurücklässt vom Menschen außer seinen Präferenzen plus seiner egoistischen Motivation, sie zu verwirklichen, und die darüber hinaus alles andere als eine Nutzenmaximierung des Einzelnen für nicht-rational hält« (Schirrmacher 2013, S. 199).

»Nützlichkeit« des Todes – für wen nützlich?

In Richtung Kontraktualismus formuliert Martha Craven Nussbaum in ihrem Hauptwerk »Grenzen der Gerechtigkeit« die methodologische Frage: »Von wem werden die grundlegenden Prinzipien einer Gesellschaft formuliert? Und für wen werden die grundlegenden Prinzipien einer Gesellschaft formuliert?« (Nussbaum 2010, S. 35). Übertragen wir diese Fragestellung in ein, an der Nützlichkeit und Effizienz orientiertes Zeitalter, dann würde die klassische utilitaristische Ethik nach Jeremy Bentham (wer) für die Individuen der Gesellschaft (wen) folgende Antwort bereitstellen: Die souveränen Gebieter der menschlichen Natur stehen unter der Herrschaft von Leid und Freude.

Oder anders formuliert: »Es geht um das Glück der Gemeinschaft und insofern es sich um das Glück eines Individuums handelt, um das Glück dieses Individuums« (Höffe 2008, S. 55f). Unserer Auffassung nach ist jedoch das Glück in einer anderen, nämlich einer untergeordneten Kategorie beheimatet, als die Würde des Menschen.

Die Hoffnung eines jeden Menschen nach einem guten und leichten Tod ist unserer Ansicht nach an den Wunsch eines menschenwürdigen Sterbens gekoppelt. Da die Würde des Menschen aber im Menschsein begründet ist, kann sie auch von niemandem abgesprochen werden, eben auch nicht von einem wie auch immer definierten Nützlichkeits- oder Effizienzdenken.

In dieses Verständnis von Würde des Menschen ist die erste (von zehn) Grundfähigkeiten eingebettet, die Martha C. Nussbaum in »Grenzen der Gerechtigkeit« formuliert. Diese mit *Life* überschriebene Fähigkeit meint, ein Leben führen zu können, welches von normaler Dauer ist. Dies meint, nicht zu sterben, bevor das Leben nicht mehr lebenswert ist. Lebenswert in diesem Zusammenhang ist das Leben dann, wenn es nicht auf utilitaristische Form der Selbstverwirklichung reduziert ist, sondern es seine Autonomie erst in anerkennender Interaktion mit den Mitmenschen entfalten kann. Bezogen auf das Sterben der Menschen heißt dies, dass ein Leben solange erstrebenswert ist und bleibt, als es von der anerkennenden Interaktion zwischen den Menschen geprägt ist. Menschen eben nicht hilflos Maschinen überlassen werden und so keine Angst vor Unterversorgung bzw. unmenschlicher, beziehungsloser und anonymer Apparatemedizin haben müssen. In beeindruckender Art und Weise kann man in »*Grenzen der Gerechtigkeit*« – Kapitel II, Behinderung und Gesellschaftsvertrag – nachlesen, welche Kraft ein so beschriebenes Beziehungsgeschehen, das nicht nach Nutzen und Effizienz fragt, entfalten kann. Dort beschreibt Martha C. Nussbaum, wie sich Sesha freut, zur Musik zu tanzen und die Eltern zu umarmen. Eine angeborene Kinderlähmung, verbunden mit einer starken Entwicklungsverzögerung, bedeutet für Sesha, dass sie im erheblichen Maße auf die Fürsorge und Liebe ihrer Eltern angewiesen ist. Sie wird gewaschen, angezogen und gefüttert (vgl. Nussbaum 2010, S. 138). »Nur so kann sie die Erfahrung machen, dass ihre Fähigkeit Zuneigung und Freude zu empfinden, die ihre größte Stärke im Umgang mit anderen ist, bei den anderen gut ankommt« (Nussbaum 2010, S. 138f). Das der Würde des Menschen zugrunde gelegte Beziehungsgeflecht, »in dem der Mensch erst Mensch wird und worin seine Gottebenbildlichkeit wurzelt« ist an diesem lebensweltlichen Praxisbeispiel bestens illustriert. Vereinfacht dargestellt, würde der Tod Seshas weder Sesha selbst – da sie sich in diesem Beziehungsgeschehen ihre Fähigkeiten eines für sie erfüllten Lebens beginnt anzueignen – noch für ihre Eltern, die durch ihre Liebe Sesha ein erfülltes Leben ermöglichen – in irgendeiner Weise nützen. Dieses Beispiel lässt sich weiterentwickeln. Fußend auf der Erkenntnis, dass der Mensch ein an Erfahrungen orientiertes, lernendes Wesen ist, kann dieser Erfahrungsprozess, dieses Beziehungsgeflecht dazu beitragen, den Eltern die Erfahrung zu vermitteln, dass eine eigene Pflege im Alter, als ein weiterer Bestandteil zur Entwicklung eines autonomen Selbst verstanden werden kann.

Nützlichkeit könnte der Tod Seshas nur dann entfalten, wenn mit den üblichen Effizienzkriterien gemessen würde, ob und wie Seshas Leben für die Familie und die Gesellschaft von Wert sein könnte (z.B. gewerbsmäßige aktive Sterbehilfe, bessere Selbstverwirklichungsmöglichkeit der Eltern in Beruf und Gesellschaft). Aus diesem Grund erteilt Martha C. Nussbaum auch jedem gemittelten, relativierten oder einem wie auch immer gemessenen gesamtgesellschaftlichen Wohlbefinden, wie z.B. der Kenngröße eines Bruttoinlandproduktes oder Durchschnittseinkommens, eine klare Absage. Mit anderen Worten, »eine Steigerung des Wohlergehens einer Person kann das Elend einer anderen Person nicht ausgleichen« (Nussbaum 2010, S. 118).

Menschliche Ressourcen im Rahmen der Palliativmedizin und -einrichtungen

Auch in dieser Aufgabenstellung kommen wir auf die von Martha C. Nussbaum formulierten Grundfähigkeiten zurück. Wie bereits angedeutet, vertritt Martha C. Nussbaum die Auffassung, der wir uns anschließen, dass die hohe kantianische Anforderung an die Intelligenz der Subjekte dazu führen muss, dass man ein Minimum an Grundsätzen formuliert, die von einem Großteil der Menschen in ihren lebensweltlichen Kontexten auch nachvollzogen werden können.

Insofern ist der Referenzrahmen mit der lebensweltlichen Ausrichtung klar gesetzt. Die Menschen werden im zunehmenden Maße an ihrem Lebensende damit konfrontiert, dass sie Befürchtungen und Ängste auf die Umstände des Sterbens hin entwickeln und nicht auf den Umstand des Sterbens selbst. Die von Martha C. Nussbaum vorgelegte Liste der »zehn zentralen menschlichen Fähigkeiten« folgt deshalb konsequent dem partizipativen Ansatz der Offenheit sowie dem Verständnis der symmetrischen und reziproken Kommunikation innerhalb der Gesellschaft, wie ihn auch u.a. Axel Honneth und Jürgen Habermas in ihren Theorien der Intersubjektivität beschreiben. Hier befindet sich Martha C. Nussbaum gewissermaßen auf aristotelischem Terrain, wenn sie feststellt, dass die von ihr allgemein gehaltenen Liste die Basis dafür ist, »eine konkrete Präzisierung des allgemeinen Guten aus den jeweiligen lokalen Bedingungen zu entwickeln« (Nussbaum 1999, S. 75). Dabei verweist sie darauf, »dass die aristotelische Konzeption des Guten zwar stark aber vage sei« (Nussbaum 1999, S. 72), aber gleichermaßen, weil eben nicht paternalistischer Natur, »eine Aufforderung, an einem intellektuellen Abenteuer teilzunehmen« ist. »Die starke vage Konzeption ist nur solange wertvoll und hat nur so lange Bestand, wie sie solche Abenteuer anleiten kann« (Nussbaum 1999, S. 76). Bezüglich des menschenwürdigen Sterbeprozesses in unseren westlichen Gesellschaften wäre doch die Frage zu stellen, worin das intellektuelle »Abenteuer« bestünde, wenn wir die Diskussion um die Sterbehilfe Pro und Contra zu führen haben. Das intellektuelle Abenteuer gehen wir ein, wenn wir uns auf den gedanklichen Weg machen, nach vorgelagerten Alternativen zum Suizid zu suchen. Der primäre Wunsch der Menschen liegt also nicht darin, in Selbstbestimmung und Autonomie sterben zu **wollen**, das muss jeder Mensch ehedem. Nein! Die Menschen wollen primär ein erfülltes sowie möglichst langes Leben führen, das weitest möglich frei von Schmerzen und Unglück ist. Hinzu kommt, dass der Mensch ein soziales Wesen ist, das essenziell auf Beziehung, Anerkennung und Wertschätzung angewiesen ist. Dies veranlasst Martha C. Nussbaum zur Aussage, »die Menschen wollen zusammenleben und sie wollen gut zusammenleben« (Nussbaum 2010, S. 126).

Also fassen wir zusammen: Menschen wollen in der Regel, solange als möglich leben, dabei weitestmöglich von Schmerz und Unglück verschont bleiben, anerkannt, wertgeschätzt und menschenwürdig behandelt werden sowie mit ihren Mitmenschen gut zusammenleben. Diese Analyse bietet doch die unausweichliche Grundlage für dieses von Martha C. Nussbaum eingeforderte intellektuelle Abenteuer. Das Abenteuer besteht darin, zu beantworten, wie wir den zuvor benannten Wünschen der Menschen entsprechen und nicht, wie wir ein Leben legal beenden können, damit vermeidbare Ängste nicht ertragen werden müssen. Hier bildet die Diskussion um den Ausbau der Palliativmedizin eine ausgezeichnete Grundlage. In der Palliativmedizin und insbesondere in der Hospizbewegung werden Antworten darauf gegeben. Antworten, die an der Würde und den damit verbundenen Wünschen der Menschen ansetzt. Im Hospiz haben die todkranken Menschen längst verinnerlicht, dass sie sterben müssen. Es geht also nicht mehr um die Frage des *ob*, sondern nur noch darum, *wie* der sterbenskranke Mensch im Sterben begleitet wird. Es liegt auf der Hand, hier diskutieren wir unter Umständen eine ressourcenintensivere Variante des Sterbens als die der aktiven Sterbehilfe. Aber – und nur hiervon lassen wir uns leiten – die Menschenwürde ist unteilbar und muss sich der Kategorie der Effizienz entziehen. Wir fordern nicht mehr und nicht weniger, als sich auf ein intellektuelles Abenteuer zu begeben, welches als Ausgangspunkt die Würde des Menschen setzt. Martha C. Nussbaums Liste der zentralen menschlichen Fähigkeiten fußt auf dem aristotelischen Verständnis der Glückseligkeit. Dieses umspannt die äußeren, körperlichen und seelischen Güter des Menschen (vgl. Knoll 2009, S. 65).

Mit diesen Überlegungen macht Martha C. Nussbaum deutlich, dass sie die Würde jedes einzelnen Menschen und dessen Anrecht auf ein menschenwürdiges Leben in das Zentrum ihres Fähigkeitenansatzes rückt. Gemitteltem, relativiertem oder einem wie auch immer gemessenen gesamtgesellschaftlichem Wohlbefinden, wie z.B. der Kenngröße eines Bruttoinlandproduktes oder Durchschnittseinkommens, erteilt sie somit eine klare Absage. Mit anderen Worten »eine Steigerung des Wohlergehens einer Person kann das Elend einer anderen Person nicht ausgleichen« (Nussbaum 2010, S. 118). Mit dieser eindeutigen Position setzt Martha C. Nussbaum eine theoretische Norm, die die Praxis eines z.B. bundesrepublikanischen Gesundheitssystems unmittelbar und nachhaltig berühren würde.

Am Beispiel der Regularien der medizinischen Rehabilitation nach einem Schlaganfall wollen wir das zuvor Besprochene illustrieren. Grundlage der medizinischen Rehabilitation ist das SGB IX (Sozialgesetzbuch). Dort sind insgesamt fünf Phasen der Rehabilitation (A–F) definiert. Die Phasen bauen aufeinander auf. Der Patient erreicht die nächst höhere Stufe nur dann, wenn er einen bestimmten, nämlich gemittelten und relativierten Wert erreicht, der die Grundlage für eine etwaige Pflegebedürftigkeit bzw. die Bewilligung einer weitergehenden Reha-Maßnahme bildet (Barthel-Index). Erreicht ein Patient den geforderten Index in einer vorgegebenen Zeit nicht, finden keine weiteren Rehamaßnahmen statt und der Patient wird der Pflege überantwortet (vgl. Knispel 2015). Hier wird unmittelbar deutlich, dass der Referenzrahmen für die Gewährung weiterer Reha-Maßnahmen eindeutig das Effizienzkriterium (bestimmte Fähigkeiten in einer bestimmten Zeit) darstellt. Dass, medizinisch betrachtet, unter Umständen noch Verbesserungen der psychischen und physischen Fähigkeiten des Patienten möglich wären, ist in diesem auf Effizienz ausgerichteten Referenzrahmen bestenfalls sekundärer Natur. Nicht das medizinisch Mögliche zur Verbesserung von Teilhabemöglichkeiten, der Ermöglichung eines guten Lebens, des unter einem spezifischen Krankheitsbild bestmögliche und menschenwürdige Leben stellt in diesem Beispiel den Referenzrahmen dar, sondern eine gemittelte Norm von Effizienz! Wir vertreten die Auffassung, dass die Liste der zehn Grundfähigkeiten des Menschen nach Martha C. Nussbaum eine geeignete Grundlage darstellen würde, um in ein intellektuelles Abenteuer einzusteigen, das einen, in seiner Zieldefinition auf konsequente Teilhabe der Menschen ausgerichteten, Gesellschaftsdiskurs eröffnen und begleiten könnte.

Diese Liste, so Martha C. Nussbaum selbst, soll der abstrakten Idee John Rawls von Würde ein konkretes Profil und Inhalt geben (vgl. Nussbaum 2010, S. 111). Um die Bezugslinien zu der Themenstellung dieses Heftes herzustellen, soll eine stark verkürzte Darstellung dieser Liste genügen, da sie unserer Auffassung nach, auch in der gekürzten Darstellung, ihre gesamte Aussagekraft zu entfalten in der Lage ist. Sie umfasst demnach folgende Punkte, die wir an dieser Stelle jeweils aus dem Originalwerk sowie der deutschen Übersetzung rezipieren:

1. *Leben* (»Life«): Die Fähigkeit, ein Leben führen zu können, welches von normaler Dauer ist. Dies meint, nicht zu sterben, bevor das Leben nicht mehr lebenswert ist.
2. *Gesundheit* (»Bodily Health«): Die Fähigkeit, sich gesund erhalten zu können. Dies impliziert eine adäquate medizinische Versorgung ebenso wie gesunde Ernährung und sichere Unterkunft.
3. *Körperliche Integrität* (»Bodily Integrity«): Die Fähigkeit einer größtmöglichen Bewegungsfreiheit sowie der Sicherheit vor Gewalt gegen die eigene Person. Dies schließt die freie Wahl über die Formen der Reproduktion sowie der sexuellen Befriedigung mit ein.
4. *Sinne, Vorstellungskraft und Denken* (»Senses, Imagination and Thought«): Die Fähigkeit der Entfaltung individueller Intelligenz und zwar in einer »wahrhaft menschlichen Weise«. Das mit dieser in enger Verbindung stehende Recht, dass diese Fähigkeiten von einer »angemessenen« Erziehung und Bildung kultiviert und gefördert werden. Dies schließt die freie Entfaltung kreativ-kultureller und religiöser Ansichten mit ein. Die Fähigkeit, in dieser Entfaltung positive wie erfüllende Erfahrungen zu machen, schließt die Vermeidung von unnötigem Schmerz, wie z.B. fehlender Anerkennung dieser Fähigkeiten, mit ein.
5. *Gefühle* (»Emotions«): Die Fähigkeit, sich dem anderen zuwenden zu können, um dabei Liebe und anerkennende Wertschätzung zu erfahren und zu vermitteln. Dies impliziert die Fähigkeit, beim »Ausleben« dieser Gefühle frei von Angst sein zu können und schließt ein, dass alle Arten der menschlichen Gemeinschaft, die dieses ermöglichen, zu fördern sind.
6. *Praktische Vernunft* (»Practical Reason«): Die Fähigkeit, im Schutze der Gewissens- und Religionsfreiheit das eigene Leben sowie eine Auffassung des Guten zu entwickeln und zu reflektieren.
7. *Zugehörigkeit* (»Affiliation«): Die zweigeteilte Fähigkeit, über ein intersubjektives Verhalten einerseits, sowie der Selbstachtung andererseits zu verfügen. Das schließt ein, dass die Fähigkeit der Empathie in Beziehung zu sich und anderen zur Entfaltung kommen kann und ethnische, genderspezifische, sexuelle sowie religiöse Eigenschaften vor Diskriminierung geschützt sind. Auch bei diesen Fähigkeiten haben Institutionen dazu beizutragen, dass sich diese entfalten können.
8. *Andere Spezies* (»Other Species«): Die Fähigkeit zur Entwicklung einer anteilnehmenden Beziehung einer natürlichen Umwelt gegenüber.
9. *Spiel* (»Play«): Die Fähigkeit zur Regeneration menschlicher Ressourcen durch z.B.: erholsame Aktivitäten wie des Spielens und Lachens.
10. *Kontrolle der eigenen Umwelt* (»Control over One's Environment«): Die zweigeteilte Fähigkeit der politischen Partizipation einerseits sowie der distributiv-egalitären Teilhabe an Gütern und Arbeit einer Gesellschaft andererseits. Die so formulierte Fähigkeit zur Partizipation an politischen Prozessen einer Gesellschaft impliziert den Schutz vor ungerechtfertigter Durchsuchung und Festnahme ebenso wie die Förderung von Intersubjektivität und Anteilnahme zwischen den Arbeitnehmerinnen wie zum Beispiel der Vereinigungsfreiheit.

Textauszug aus: Martha C. Nussbaum, Die Grenzen der Gerechtigkeit. Behinderung, Nationalität und Spezieszugehörigkeit. S. 112–114. © Suhrkamp Verlag Berlin und Frankfurt am Main 2010. Alle Rechte bei und vorbehalten durch Suhrkamp Verlag Berlin.

Diese Liste der zehn universalen Grundfähigkeiten zur Ermöglichung eines menschenwürdigen Lebens mögen dazu beitragen, dass die Theorien Martha C. Nussbaums und Amartya Sens die Grundlage schaffen, einen Gesellschaftsdiskurs zu führen, der dem Diskurs nach einem selbstbestimmten und menschenwürdigen Leben eine Alternative an die Seite stellt. Die Alternative zum Suizid sagt **Ja** und nicht **Nein** zum Leben.

Die »Selbstverwirklichung« als eine Form der Aufhebung des Selbst – ich verwirke mein Selbst

Aktuell wird die medizinisch-assistierte Sterbehilfe in den gesellschaftlichen Debatten als autonomes Handeln des Individuums und somit als postmoderner Ausdruck der Selbstverwirklichung diskutiert. Wir haben aufgezeigt, dass dies einer verschleiernden Darstellung gleichkommt. Denn die Reduktion des Menschlichen auf eine normierte und rein an hedonistisch-materiellen Effizienzkriterien orientierte Theorie, nimmt dem Subjekt die Selbstbestimmung, indem sie es auf eine verzwecklichte Ontologie zurückwirft. Setzen wir jedoch die Würde des Menschen in den Mittelpunkt – eine Würde also, die im Menschsein innewohnt und demzufolge nicht geschenkt oder genommen werden kann – dann könnte daraus der Versuch unternommen werden, positive Formen eines utilitaristischen Glücksverständnisses her- und abzuleiten. Dann würde das Individuum nicht sein Selbst im assistierten Freitod verwirken, sondern in der gegenseitigen

Bewältigung des Sterbeprozesses und im wechselseitigen Sich-Annehmen würde ein Beziehungsgeschehen hervorgebracht werden, das andere Formen des Glücksverständnisses entstehen lässt. Formen des Glückes, die sich an Attributen wie z.B. gelingender Beziehung, Fähigkeitenorientierung und wechselseitigem Lernen zur Bewältigung des Lebens orientieren. Dies würde jedoch voraussetzen, dass sich Bildungsprozesse wieder stärker an geisteswissenschaftlichen Diskursen ausrichten, dass der Wert dieser Wissenschaften wieder erkannt und benannt wird, dass diesen Disziplinen wieder höhere Bedeutung beigemessen wird. Dieses Postulat ist nicht an den Haaren herbeigezogen. Ein Zitat aus Martha C. Nussbaums »Nicht für den Profit« illustriert dieses Postulat nachdrücklich: »Die Lerninhalte, die demokratische Gesellschaften den jungen Menschen vermitteln, verändern sich radikal, und diese Veränderungen sind keineswegs wohlüberlegt. Getrieben vom Gewinnstreben der eigenen Volkswirtschaft vernachlässigen Gesellschaften und ihre Bildungssysteme genau die Fähigkeiten, die benötigt werden, um Demokratien lebendig zu halten. Wenn sich dieser Trend fortsetzt, werden die Nationen überall auf der Welt bald Generationen von nützlichen Maschinen produzieren statt allseits entwickelter Bürger, die selbstständig denken, Kritik an Traditionen üben und den Stellenwert der Leiden und Leistungen anderer Menschen begreifen können. Die Zukunft der Demokratie steht weltweit auf der Kippe. Worin bestehen diese radikalen Veränderungen? In fast jedem Land der Welt werden die geisteswissenschaftlichen und musischen Fächer zusammengestrichen, und zwar sowohl im Primar- und Sekundarbereich als auch in Colleges und Universitäten. Von Politikern als nutzloser Schnickschnack betrachtet und zu einer Zeit, in der viele Länder alle überflüssigen Dinge streichen müssen, um auf dem Weltmarkt konkurrenzfähig zu bleiben, verlieren sie schnell ihren Platz in den Curricula aber auch in den Köpfen und Herzen von Eltern und Kindern.« (Nussbaum 2012, S. 2)

Diese Überlegungen können als ein wahrlich inklusiver Ansatz verstanden werden, der die menschliche Würde als unabsprechbare Maxime über alle – wie auch immer determinierten Normsetzungen – setzt. Indem sich die Subjekte gegenseitig bei der Bewältigung des Lebens – und das Sterben ist ein unauflöslicher Bestandteil des Lebens – unterstützen, sie mit dem Gegenüber mitleiden, befähigen sie sich ganz automatisch zur Bewältigung des eigenen Lebens. Diese Befähigung zum Leben, kann dann mit Fug und Recht als autonomer Akt der Lebensbewältigung verstanden werden.

Das Bundesverwaltungsgericht hat am 2. März 2017 entschieden, dass ein Zugang zu einem Betäubungsmittel, das eine schmerzlose Selbsttötung ermöglicht, in extremen Ausnahmesituationen nicht verwehrt werden darf.
Die Pressemitteilung zu diesem Entscheid haben wir unter **M 11** mit Arbeitsaufträgen eingefügt.

Zwei Beiträge zu Martha C. Nussbaum:
▷ Ausgezeichnet: Die Philosophin Martha Nussbaum (Euronews, 16.05.2012, 1:10 Min.)
  https://www.youtube.com/watch?v=jseIdRIuSIg
▷ Martha Nussbaum – Gerechtigkeit braucht Liebe (Sternstunde Philosophie, 19.07.2015, 57:41 Min.)
  https://www.youtube.com/watch?v=2231IcAhL3g

6 Kompetenzen und Inhalte einer kritischen Unterrichtseinheit – Bildungsplan Baden-Württemberg 2016

Das Thema Sterbehilfe kann im Bildungsplan für **berufliche Schulen (Baden-Württemberg)** in unterschiedlichen Themenfeldern verankert werden.

Im Themenfeld 1 »Ich bin – ich werde« findet sich die Unterrichtseinheit »1.7 Leid erfahren – Krankheit, Sterben, Tod«. Als Ziele dieser Unterrichtseinheit werden unter anderem genannt:
- Die Schülerinnen und Schüler werden ermutigt, sich mit Krankheit, Sterben und Tod auseinanderzusetzen.
- Die Schülerinnen und Schüler erkennen, dass ein Leben in Würde ein Sterben in Würde einschließt.

Unter den Inhalten findet sich in dieser Einheit auch die Anregung zur Beschäftigung mit Möglichkeiten der Hilfe für Kranke und Sterbende, darunter auch die Frage nach Sterbehilfe. Darüber hinaus regt die Einheit zur Sensibilisierung für die Situation Sterbender an sowie zur Auseinandersetzung mit der Angst vor einem qualvollen Sterben und der Apparatemedizin (vgl. Bildungsplan für berufliche Schulen, Baden-Württemberg 2003, S. 28).

Im Themenfeld 5 »Wissen und Können« eröffnet die Unterrichtseinheit »5.8 Mensch und Medizin« einen weiteren Anknüpfungspunkt für das Thema Sterbehilfe. Das Themenfeld zielt unter anderem darauf, dass die Schülerinnen und Schüler die Probleme wahrnehmen, die sich aufgrund der modernen Medizin stellen und sich mit ethischen Lösungsmodellen auseinandersetzen. Auch hier ist als möglicher zu behandelnder Inhalt die Sterbehilfe namentlich benannt. Weitere Inhalte, die für das Thema Sterbehilfe relevant sein können und in diesem Themenfeld genannt werden, sind:
- Grundlagen medizinischer Ethik: Eid des Hippokrates, Patient als Subjekt/Objekt
- Würde des Menschen aufgrund Gottesebenbildlichkeit
- Leben als Geschenk
- Mensch nicht Herr über Leben und Tod
- Schritte ethischer Entscheidungsfindung
- Was heißt helfen und nicht schaden? (vgl. Bildungsplan für berufliche Schulen 2003, S. 60f)

Die Unterrichtseinheit »5.9 Ethische Entwürfe« will zum Nachdenken über ethische Fragestellungen anhand aktueller Konfliktthemen anregen. Ziel dieses Themenfeldes ist unter anderem, den Schülerinnen und Schülern die grundsätzliche Hinterfragbarkeit ethischer Entscheidungen nahezubringen (vgl. Bildungsplan für berufliche Schulen, 2003, S. 61).

Im Themenfeld 6 »Streben nach Gerechtigkeit« findet sich die Unterrichtseinheit »6.1 Menschenwürde – Menschenrechte«. Ziele der Einheit sind, dass die Schülerinnen und Schüler Menschenwürde als unveräußerliches Geschenk verstehen lernen und Möglichkeiten reflektieren, wie Achtung und Schutz der Menschenwürde aller Menschen zu erreichen ist. In dieser Einheit wird als Inhalt auch das Nachdenken über die Würde sterbender Menschen benannt (vgl. Bildungsplan für berufliche Schulen 2003, S. 64).

Eine weitere Unterrichtseinheit, an die das Thema Sterbehilfe angeschlossen werden kann, findet sich im Themenfeld 7 »Fragen und Suchen«. In der Unterrichtseinheit »7.7 Wonach richte ich mich – Werte und Normen« wird als Ziel formuliert, die Schülerinnen und Schüler zu eigenem ethischen Nachdenken anzuregen. Die Anknüpfung an Entscheidungs- und Konfliktsituationen wird nahegelegt (vgl. Bildungsplan für berufliche Schulen 2003, S. 75).

In der Oberstufe des **allgemeinbildenden Gymnasiums** (Baden-Württemberg) wäre die Einheit vor allem der Dimension Anthropologie/Mensch zuzuordnen.

Einführung in den neuen Bildungsplan 2016 (Baden-Württemberg): http://www.bildungsplaene-bw.de/,Lde/BP2016BW_ALLG_EINFUEHRUNG

Dimension	Kompetenzvorgabe Dimension	Kompetenzen	Niveaukonkretisierung
Mensch/ Anthropologie	SuS können erläutern, wie die Begrenztheit menschlichen Lebens zur Deutung von Angst, Leid und Tod herausfordert.	Religiös: SuS erwerben einen achtsamen Umgang mit dem Leben und Sterben; das Leben wird als Geschenk geheiligt. SuS erwerben die Kompetenz, sich kritisch mit aktuellen, gesellschaftspolitischen Diskursen auseinanderzusetzen. SuS werden zur Teilhabe am Leben befähigt und können mit der Furcht vor Leid und dem Tod angemessen umgehen. Die Sus erlangen dadurch die Fähigkeit, sich mit lebensbejahenden Einstellungen zu beschäftigen.	Kategorie 1: Wahrnehmen, Wissen und Verstehen: Christliches Menschenbild kennen und auf die Fragen der Sterbehilfe anwenden. Kategorie 2: Sprechen und Auskunft geben: Sterben, Tod und Trost als elementaren menschlichen Kommunikationsvorgang und Beziehungsaufgabe trainieren lernen. Intersubjektive Beziehungen werden als elementare Basis verstanden, in welcher die Konzentration auf Fähigkeiten von essenzieller Bedeutung ist.
	SuS können an Beispielen erklären, dass menschliches Leben verantwortliche Gestaltung braucht und auf Werte, Normen und auf Vergebung angewiesen ist.	Religiös: Die SuS verstehen Schöpfung als Beziehungskategorie und lernen Liebe, Freiheit, Vergebung und Würde als Beziehung gestaltende Mittel kennen. Ethik: Die SuS wissen um die Unverfügbarkeit menschlichen Lebens und um die Möglichkeit des Schuldigwerdens. Sie lernen, dass im Glauben Gott Vergebung und Trost zuspricht.	
Welt und Verantwortung	SuS kennen aus dem christlichen Menschenbild sich ergebende Herausforderungen für die eigene Lebensführung und die Mitgestaltung der Gesellschaft.	Ethik: Die SuS lernen den Zusammenhang zwischen Normen, moralischen Urteilen und Verantwortungsübernahme kennen. Die SuS werden befähigt, individualethische, personalethische und sozialethische Vorgänge zu reflektieren und erkennen die eigenen individuellen Normen von Zeit zu Zeit zu überprüfen.	Kategorie 1: Wahrnehmen, Wissen und Verstehen: Kennenlernen gegenwärtiger ethischer Diskurse und das Anwenden auf konkrete Fallentscheidungen. Kategorie 2: Sprechen und Auskunft geben: Die eigene religiös-ethische Überzeugung formulieren und verteidigen können. Kategorie 3: Erarbeiten und Gestalten: Ethische Grundlagentexte interpretieren und in Kurzzusammenfassungen erläutern. Kategorie 4: Planen und Zusammenarbeiten: Mit verschiedenen Arbeitsweisen die Kommunikations- und Teamfähigkeit schulen.
	SuS können weitere gegenwärtige ethische Ansätze darstellen und mögliche Auswirkungen für die Bearbeitung aktueller ethischer Probleme daraus ableiten.	Religiös: Die SuS werden in die Lage versetzt, die biblisch-christlich begründete Ethik mit anderen ethischen Entwürfen zu diskutieren. Ethik: Die SuS lernen unterschiedliche ethische Ansätze kennen.	

Gott	SuS können darstellen, dass christliche Hoffnungsbilder angesichts des Todes im Glauben an Gott gründen.	Religiös: Die SuS erwerben die Grundlagen, das Leben vor den christlichen Glaubensaussagen zu deuten und in Sprache zu fassen.	Kategorie 1: Wahrnehmen, Wissen und Verstehen: Kennenlernen christlicher Glaubenslehre. Kategorie 2: Sprechen und Auskunft geben: Religiöse Aussagen verstehen und mit eigenen sprachlichen Mitteln wiedergeben.
	SuS können begründen, dass der Glaube an Gott Freiheit gegenüber totalitären menschlichen Ansprüchen ermöglicht.	Ethisch: Die SuS lernen den christlichen Glauben als wesentliche Kritik an Vernutzungs- und Verzwecklichungstendenzen menschlichen Daseins kennen.	
Bibel	SuS können biblische Texte und Kontexte und das biblische Menschenbild zu aktuellen Fragestellungen und Herausforderungen der Sterbehilfe in Beziehung setzen.	Religiös: Die SuS lernen die paulinischen Glaubensüberzeugungen wie z.B. Rechtfertigung, Heiligung und Erlösung in reformatorischer Perspektive kennen.	Kategorie 1: Wahrnehmen, Wissen und Verstehen: Kennen Texte aus verschiedenen theologischen und philosophischen Traditionen und können sie sachgemäß interpretieren. Kategorie 2: Sprechen und Auskunft geben: Wichtige Grundsatzaussagen in eigener Sprache wiedergeben. Kategorie 3: Erarbeiten und Gestalten: Kreativer Umgang mit traditionellen Texten aus Philosophie und Theologie. Kategorie 4: Planen und Zusammenarbeiten: Einen Beitrag für eine Podiumsdiskussion verfassen.

Zu den **anderen Schularten** verweisen wir auf das grundlegende Unterrichtswerk von Wilhelm Schwendemann und Matthias Stahlmann, Ethik für das Leben: Sterben – Sterbehilfe – Umgang mit dem Tod, Calwer Verlag Stuttgart.

7 Kommentierter Unterricht zum Thema: Medizinisch-assistierter Suizid

»Das Thema Sterbehilfe ist Gegenstand der öffentlichen, politischen und zunehmend auch privaten Diskussion.« (Platow 2010, S. 37)

Zwar ist das Thema Sterben den Schülerinnen und Schülern (SuS) angesichts ihres jungen Alters in der Regel noch fern und ein Nachdenken darüber wird – so steht zumindest zu vermuten – eher in die Zukunft verschoben, dennoch ist es ein Thema, das jeden Menschen in unterschiedlichen Bezügen gleichermaßen betrifft.

Auch wenn das eigene Sterben noch nicht im Fokus des Nachdenkens der SuS liegen mag, so sind sie doch in einem Alter, in dem sie möglicherweise bereits das Sterben von Angehörigen, beispielsweise den Großeltern, bewusst erlebt haben. Nicht selten können sie auch Erfahrungen mit dem Sterben Gleichaltriger vorweisen. Möglicherweise sind sie in diesem Zusammenhang auch schon mit der Auseinandersetzung mit der Frage nach passiver Sterbehilfe im Sinne von Einstellung der Gerätemedizin oder mit dem Thema indirekter Sterbehilfe in Berührung gekommen, ohne sich freilich der Begrifflichkeiten bewusst zu sein. Vielleicht haben sie in der Familie oder im Freundeskreis bereits Diskussionen aufgrund aktueller Sterbefälle erlebt, in denen das Für und Wider der diesen Formen zugeordneten medizinischen Maßnahmen erörtert wurde.

In jedem Fall ist das Thema Sterben ein existenzielles Thema, das die SuS interessiert und berührt, immer auch im Hinblick auf den eigenen Tod hin.

Es ist anzunehmen, dass die SuS bei der Begegnung mit Sterben und Tod noch nicht in eine Situation gekommen sind, in der sie selbst eine Entscheidung für einen Sterbenden treffen mussten. Da eine solche Situation aber in der Zukunft eintreten kann, ist die Auseinandersetzung mit den Formen der Sterbehilfe ein zentrales Thema, um im entsprechenden Fall eine fundierte und begründete Entscheidung treffen zu können. Die frühzeitige Auseinandersetzung mit den dahinterstehenden ethischen Fragen und die Anregung einer eigenständigen Positionierung kann den SuS im eintreffenden Fall helfen, die Situation zu klären und eine Entscheidung zu treffen, die sie ethisch vor sich und vor anderen vertreten können. Die Behandlung des Themas und die Sensibilisierung für die Möglichkeiten und Grenzen der modernen Medizin kann auch eine Anregung sein, mit nahen Angehörigen – zu denken ist dabei beispielsweise an die eigenen Eltern – über deren Vorstellungen von menschenwürdigem Sterben in Austausch zu treten, um im eintretenden Entscheidungsfall dem Willen der Eltern nachkommen zu können, wenn sie selbst diesen nicht mehr äußern können. Das kann in einer solchen Belastungssituation eine große Erleichterung darstellen.

Die Auseinandersetzung mit dem Thema Sterbehilfe dient den SuS aber auch dazu, ihre Vorstellungen von menschenwürdigem Sterben in Bezug auf die eigene Person zu klären. Sie kann die SuS dazu anregen, frühzeitig vorzusorgen und – so sie Entsprechendes wünschen – verbindliche Verfügungen für den sie selbst betreffenden Fall festzuhalten. Hiermit können die SuS aktiv der eventuell vorhandenen Angst vor medizinischer Über- oder Unterversorgung im Sterbefall begegnen.

Beispielhaft steht das Thema für die Auseinandersetzung mit ethischen Fragestellungen. Die SuS erfahren anhand der Diskussion der unterschiedlichen Formen der Sterbehilfe die grundsätzliche Hinterfragbarkeit ethischer Entscheidungen. Sie erkennen, dass zu einer solchen Entscheidung das sorgfältige Abwägen verschiedener Argumente und Einflussfaktoren im konkreten Fall zwingend notwendig ist und dass es in Bezug auf die Antwort vielfach keine Eindeutigkeit gibt. Sie machen die Erfahrung, dass auch gesetzliche Regelungen nicht allen Argumenten gerecht werden können und so Kompromissregelungen sind, die einen Rahmen abstecken, innerhalb dessen dem Einzelnen die Entscheidung jedoch nicht abgenommen werden kann. Auf diese Weise wird den SuS die Notwendigkeit des Nachdenkens über ethische Fragestellungen anhand eines Themas bewusst, das sie mit hoher Wahrscheinlichkeit früher oder später in der einen oder anderen Weise selbst betreffen wird.

Grundlegend geht es in den vorliegenden Stunden darum, den SuS den assistierten Suizid als vierte Form der Sterbehilfe begrifflich nahe zu bringen. Die SuS sollen ihn in Abgrenzung zu den drei bereits eingeführten Formen definieren können. Dazu gehört auch, dass die SuS Hintergrundinformationen zur Praxis des assistierten Suizids in den europäischen Nachbarländern erhalten.

Wie in den vorangegangenen Stunden, soll auch hier im Unterrichtsgespräch eine Auseinandersetzung mit dieser Form der Sterbehilfe als ethisches Problem angeregt werden. Die SuS sollen anhand des gewählten Fallbeispiels ins Gespräch gebracht werden über ethische Grundfragen, die sich im Zusammenhang mit assistiertem Suizid stellen. Beispielhaft seien hier genannt:

- Darf man jemand anderen verpflichten, einer sterbewilligen Person tödliche Medikamente zu reichen?
- Wie weit geht die Freiheit des Menschen über das Rechtsgut Leben zu entscheiden?
- Inwieweit spielt der körperliche Zustand bzw. die unmittelbare Todesnähe eine Rolle?
- Hat der Mensch ein Recht auf menschenwürdiges Sterben und wie weit darf gegangen werden, um dieses Recht durchzusetzen?
- Darf man einen Suizid zulassen oder muss man nicht alles dafür tun, um ihn zu verhindern?

Auf der Grundlage solcher Überlegungen soll für die SuS eine Basis geschaffen werden, auf der sie eine persönliche und begründete ethische Entscheidung treffen können.

Reflexion der Leitmedien, Methoden und der Sozialformen

Die Vorgehensweise, ausgehend von einem Fallbeispiel die dargestellte Form der Sterbehilfe zu diskutieren, im Austausch mit den Mitschülern eine eigene ethische Haltung zu entwickeln und argumentativ zu untermauern und schließlich die im Fallbeispiel vor Augen geführte Form der Sterbehilfe zu definieren und zu benennen, ist den SuS aus den vorangegangenen Stunden bekannt.

Analog dazu ist der Aufbau der vorliegenden Stunde konzipiert.

Die Fallbeispiele zu den drei bisher behandelten Formen der Sterbehilfe wurden den SuS in schriftlicher Form vorgelegt. Die SuS haben diese mit großem Interesse bearbeitet und sich gut in die Situation der darin handelnden Personen und auch der betroffenen Patienten hineinversetzt. Für die vorliegende Stunde wird das Fallbeispiel jedoch in einem Film vorgestellt, in dem eine Realsituation eines assistierten Suizids gezeigt wird. Zum einen soll die neue Form der Präsentation erneut das Interesse der Schüler wecken, das eventuell bei wiederholter Behandlung eines Fallbeispiels in schriftlicher Form erlahmen könnte. Außerdem bringt der Wechsel von den bisher behandelten konstruierten Situationen zu einer Realsituation in bewegten Bildern eine neue Betroffenheitsebene in die Diskussion. Die SuS müssen sich verabschieden von der theoretischen Reflexion und Beurteilung eines Falles, der so nie stattgefunden hat und auf diese Weise eine große Distanz erlaubt. Stattdessen wird hier ein reales Geschehen reflektiert, das die SuS in unmittelbare Nähe zur aktuellen Relevanz des Themas führt. Der Film erscheint so als probate Methode, die SuS noch einmal in die Thematik hineinzunehmen und diese hautnah erlebbar zu machen.

Im Anschluss daran sollen die SuS zunächst in Einzelarbeit für sich das Gesehene reflektieren. Dabei sollen sie bewusst das Augenmerk auf die Gefühle legen, die das Geschehen im Film bei ihnen auslöst. Außerdem sollen sie ihre Fragen an den Film formulieren.

In einer Lerngruppe ist es grundsätzlich von Bedeutung, die SuS als Subjekte ihrer eigenen Lernprozesse wahrzunehmen, was bedeutet, auch einzelne SuS zum Mitdenken und Mitarbeiten in Unterrichtsgesprächen anzuhalten. Die Einzelarbeit, in der die SuS ihre eigenen Gedanken zu Papier bringen müssen, zwingt zum einen die SuS, sich Zeit für die Reflexion des Gesehenen zu nehmen. Außerdem ermöglicht es allen SuS, in Ruhe ihre Gedanken und Fragen zu reflektieren und zu ordnen, bevor sie sich ins Unterrichtsgespräch einbringen.

Das Sammeln der Gedanken und Fragen der SuS soll auch dazu dienen, den Fluss des folgenden Gespräches zu erleichtern. Die Erfahrung hat gezeigt, dass die SuS zwar schnell in Gespräche einsteigen, wenn aber ein Aspekt oder Argument hinreichend besprochen ist, neigen sie dazu, in Schweigen zu verfallen. Dann muss die Lehrkraft ihnen weitere mögliche Aspekte des Themas mühsam entlocken. Haben die SuS ihre Gedanken zuvor schriftlich fixiert, so kann die Lehrkraft demgegenüber auf ihre Aufschriebe verweisen und nachfragen, was sich die SuS noch notiert haben und worüber demzufolge noch gesprochen werden kann und muss.

Das schriftliche Fixieren der Fragen dient darüber hinaus dazu, dass im Unterrichtsgespräch wichtige Fragen zum Verständnis und zur Einordnung des Gesehenen nicht vergessen werden und die SuS den Unterricht nicht mit dem unbefriedigenden Gefühl verlassen, Wesentliches nicht verstanden zu haben.

Im anschließenden Unterrichtsgespräch sollen die SuS die Möglichkeit haben, ihre Eindrücke zu äußern und offen gebliebene Fragen zu stellen. Eine andere Möglichkeit wäre gewesen, die SuS in einem Schreibgespräch ihre Empfindungen und ihre Bewertung des Gesehenen auszutauschen. Da aber davon auszugehen ist, dass die SuS zum einen nach der eindrücklichen Darstellung des assistierten Suizids einen großen Redebedarf haben und zum anderen viele Verständnisfragen zu erwarten sind, erscheint ein Unterrichtsgespräch, in dem die Lehrkraft flexibel auf die Äußerungen der SuS reagieren kann, angemessener.

Die Sozialform des Stuhlkreises ist beim Gespräch über ein solches, unter Umständen auch sehr berührendes Thema grundsätzlich angezeigt, da die SuS sich auf diese Weise gegenseitig besser sehen und aufeinander reagieren können.

Zudem können die Überlegungen und Gedanken der SuS in der Mitte des Stuhlkreises anhand von Papierstreifen in unterschiedlichen Farben visualisiert werden. Anhand der auf dem Boden gesammelten Eindrücke und Fragen können die SuS schließlich zu einer Beurteilung der Sterbehilfe im vorliegenden Fall und im Allgemeinen kommen.

Auch der folgende Schritt, bei dem es um die Frage geht, ob der gesehene Fall einer der bisher behandelten Formen der Sterbehilfe zugeordnet werden kann, bedarf der Moderation der Lehrkraft. Der Stuhlkreis wird dazu allerdings aufgelöst, was implizit das Signal gibt, dass nun von der persönlichen Betroffenheitsebene wieder in eine kognitive Metaebene gewechselt wird. Möglicherweise müssen in diesem Unterrichtsschritt die einzelnen Formen mit ihren Definitionen noch einmal geklärt werden. Hier findet somit auch eine Wiederholung und Festigung des bereits Gelernten statt.

Demgegenüber erscheint es angezeigt, die Definition des assistierten Suizids anhand der Merkmale, die aus dem Film herausgearbeitet wurden, von den SuS zunächst in Zweier- oder Dreiergruppen und dann im Plenum selbst vornehmen zu lassen. Auf diese Weise wird sie zu einer selbstständig reflektierten Definition, die leichter erinnert wird, als wenn sie von der Lehrkraft vorgegeben wird.

Die Definition wird in das Arbeitsblatt M 5 eingetragen, das die SuS aus der vorangegangenen Stunde bereits kennen und in das sie die Definitionen von aktiver, passiver und indirekter Sterbehilfe schon eingetragen haben.

Niveaukonkretisierung: Medizinisch-assistierter Suizid

Kategorie	Themenfelder	Niveau A	Niveau B	Niveau C
I. Wahrnehmen, Wissen, Verstehen	**Themenfeld 1: Ich bin – ich werde** LPE 1.7 Leid erfahren – Krankheit, Sterben, Tod Die SuS werden ermutigt, sich mit Krankheit, Sterben und Tod auseinanderzusetzen. Die SuS erkennen, dass ein Leben in Würde ein Sterben in Würde mit einschließt. Die SuS kennen Möglichkeiten der Hilfe für Kranke und Sterbende. **Themenfeld 5: Wissen und Können** LPE 5.8 Mensch und Medizin Die SuS nehmen Probleme wahr, die sich aufgrund der modernen Medizin stellen und lernen verschiedene ethische Lösungsmodelle kennen.	Die SuS wissen, was sich hinter dem Begriff des assistierten Suizids verbirgt und können die wesentlichen Merkmale beschreiben. Unterrichtliche Impulse: »Beschreibt, wie die Sterbehilfe im Film durchgeführt wurde.« »Findet gemeinsam mit eurem Sitznachbarn eine Definition der Form der Sterbehilfe, die ihr im Film gesehen habt!« (Hilfsmittel: Tafelanschrieb mit herausgearbeiteten Merkmalen des assistierten Suizids) Die SuS können anhand eines konkreten Beispiels des assistierten Suizids die Praxis dieser Form der Sterbehilfe erfassen.	Die SuS können den assistierten Suizid von den anderen, bereits erarbeiteten Formen der Sterbehilfe definitorisch unterscheiden. Unterrichtliche Impulse: »Versucht, den Fall Erica einer der in der letzten Stunde erarbeiteten Formen der Sterbehilfe zuzuordnen!«	Die SuS können den assistierten Suizid in Unterscheidung zu den anderen Formen der Sterbehilfe qualitativ unterscheiden. Unterrichtliche Impulse: Unterrichtsgespräch

	LPE 5.9 Ethische Entwürfe Die SuS erkennen anhand eines aktuellen Konfliktthemas die Hinterfragbarkeit ethischer Entscheidungen. Die SuS werden bei der Entwicklung zu selbstverantworteten ethischen Entscheidungen unterstützt. **Themenfeld 7: Fragen und Suchen** LPE 7.7 Wonach richte ich mich? – Werte und Normen Die SuS werden zu eigenem ethischen Nachdenken angeregt.	Unterrichtliche Impulse: Anschauen des Filmes, Reflexion des Gesehenen: »*Beschreibt, was im Film geschehen ist! Erzählt, welche Gefühle es bei euch ausgelöst hat und welche Fragen ihr in Bezug auf das Gesehene noch habt!*« Die SuS können sich eine reflektierte Meinung zur Praxis des assistierten Suizids im vorliegenden Fallbeispiel bilden. Unterrichtliche Impulse: »*Was würdet ihr sagen: Ist es im Fall Erica richtig, dass Sterbehilfe in dieser Form geleistet wird?*« Die SuS können die unterschiedlichen Formen der Sterbehilfe wiederholen und in Grundzügen beschreiben. Unterrichtliche Impulse: »*Versucht, den Fall Erica einer der drei Formen der Sterbehilfe zuzuordnen! Erklärt und begründet, zu welcher der Formen er passen könnte und zu welcher nicht!*«	Die SuS können ausgehend vom konkreten Fallbeispiel reflektieren, unter welchen Voraussetzungen assistierter Suizid ihrer persönlichen Meinung nach in Frage kommt. Unterrichtliche Impulse: »*Könnte es Fälle geben, in denen eine solche Form der Sterbehilfe auf keinen Fall angewendet werden darf? Welche Kriterien müssen erfüllt sein, dass diese Form der Sterbehilfe praktiziert werden darf?*«	
II. Sprechen und Auskunft geben		Die SuS können ihre eigenen Wahrnehmungen und Gefühle in Bezug auf den gesehenen Film beschreiben. Unterrichtliche Impulse: Arbeitsblatt ›Fallbeispiel Erica‹ Unterrichtsgespräch: »*Beschreibt, welche Gefühle der Film in euch ausgelöst hat! Erzählt mir von euren Beobachtungen! Gibt es etwas, das euch besonders aufgefallen ist/ euch berührt/ euch irritiert?*«	Die SuS können ihre Wahrnehmungen und Gefühle anhand von Rückfragen der Mitschüler weiter ausdifferenzieren. Unterrichtliche Impulse: Unterrichtsgespräch	Die SuS können die Äußerungen und Wahrnehmungen der Mitschüler aufnehmen und in Dialog mit ihren eigenen bringen. Unterrichtliche Impulse: Unterrichtsgespräch

		Die SuS können eine persönliche Meinung zur Praxis des assistierten Suizids formulieren. Unterrichtliche Impulse: »Was würdet ihr sagen: Ist es im Fall Erica richtig, dass Sterbehilfe in dieser Form geleistet wird?«		
III. Erarbeiten und Gestalten		Die SuS können die Merkmale des assistierten Suizids aus dem Fallbeispiel herausarbeiten. Unterrichtliche Impulse: »Beschreibt, wie genau die Sterbehilfe bei Erica durchgeführt wurde. Wer war beteiligt? Wer hat was gemacht?«	Die SuS können aus den Merkmalen des assistierten Suizids eigenständig eine Definition dieser Form der Sterbehilfe formulieren. Unterrichtliche Impulse: »Formuliert gemeinsam mit eurem Sitznachbarn eine Definition, die alle an der Tafel festgehaltenen Merkmale enthält.«	
IV. Planen und zusammenarbeiten		Die SuS können aus den eigenen Definitionen und den Definitionsvorschlägen der Mitschüler die treffendste Definition assistierten Suizids auswählen. Unterrichtliche Impulse: »Hört euch die Definitionsvorschläge aller Gruppen an und einigt euch darauf, welchen Vorschlag ihr am treffendsten findet.«	Die SuS können sich über die Qualität des Definitionsvorschlages austauschen und Verbesserungsvorschläge machen. Unterrichtliche Impulse: »Überprüft, ob die Definition wirklich alle Merkmale enthält. Wenn nicht, überlegt gemeinsam, wie ihr sie ergänzen und verbessern könnt.«	Die SuS können die unterschiedlichen Definitions- und Verbesserungsvorschläge zu einer abschließenden Definition vereinen. Unterrichtliche Impulse: »Wenn ihr ganz zufrieden seid mit eurer Definition, dann schreibt diese an die Tafel.«

8 Stundenverläufe der gesamten Unterrichtseinheit

1. Unterrichtseinheit: Hinführung zum Thema Sterbehilfe

Material: Papierstreifen rot und grün, Stifte, Arbeitsblatt **M 1**: Das könnte ich mir vorstellen, Projektor

Stundenziel: Die SuS haben eine persönliche Vorstellung von gutem/menschenwürdigem Sterben entwickelt und können auf der Basis dieser Vorstellung eine Position zu verschiedenen Szenarien der Sterbehilfe beziehen.

Lernphase	Kompetenzen	Lernziele	L-S-Interaktion	Methode, Materialien
Einstieg & Erarbeitung	Personale Kompetenz: Die SuS entwickeln eine Vorstellung, wie sie sich ihr eigenes Sterben wünschen würden. Die SuS arbeiten die entscheidenden Aspekte ihrer persönlichen Vorstellung heraus und können diese schriftlich festhalten.	Die SuS formulieren für sich ihre eigene Vorstellung von gutem/ menschenwürdigem Sterben.	Die L kündigt an, dass nun ein neues Thema zur Sprache kommen soll. Sie teilt den SuS Papierstreifen in zwei Farben aus. Die SuS erhalten folgende Aufgabe: »Angenommen, ihr dürftet euch heute aussuchen, wie, wann, wo und unter welchen Umständen ihr einmal sterben werdet. Wie würde diese Vorstellung aussehen? Oder anders gefragt: Wie würdet ihr auf keinen Fall sterben wollen? Schreibt eure Vorstellung in Stichworten auf die Papierstreifen. Auf die roten Streifen schreibt ihr Stichworte, wie ihr euch euren Tod NICHT vorstellen wollt. Auf die grünen Streifen schreibt ihr, wie ihr euch euer Sterben gerne vorstellen würdet.« Die SuS sammeln in Einzelarbeit Stichworte zu ihren persönlichen Vorstellungen auf den Papierstreifen.	Papierstreifen rot/grün, Stifte Lehrervortrag Einzelarbeit
Ergebnissicherung	Personale Kompetenz: Die SuS können ihre Vorstellung von gutem/menschenwürdigem Sterben auf ihre Gründe hin hinterfragen. Die SuS können Ideen dazu entwickeln, wie gutes/menschenwürdiges Sterben ermöglicht werden kann. Kommunikative Kompetenz: Die SuS können sich darüber austauschen, wie sie sich ihren eigenen Tod vorstellen würden.	Die SuS erkennen, dass jeder Mensch bestimmte Vorstellungen von einem guten/ menschenwürdigen Tod hat.	Die L versammelt die SuS vor der Tafel in einem Stehkreis. Sie bittet die SuS, die beschrifteten Papierstreifen mitzubringen. Die SuS können nun mit Hilfe ihrer Papierstreifen ihre persönlichen Vorstellungen der Klasse präsentieren. Die Papierstreifen werden dabei nach und nach in die Mitte des Stehkreises gelegt. Im Gespräch eventuell hinzukommende, nicht von den SuS festgehaltene Aspekte werden von der L ergänzt.	Beschriftete Papierstreifen Leere Papierstreifen Stift L-S-Gespräch

	Die SuS können ihre Vorstellung von einem wünschenswerten Sterben begründen. Die SuS können sich durch Rückfragen an Mitschüler über deren Sichtweisen zu dem Thema verständigen. Soziale Kompetenz: Die SuS können die Sichtweisen ihrer Mitschüler stehen lassen, ohne sie zu bewerten. Ethische Kompetenz: Die SuS können eine eigene Vorstellung von menschenwürdigem Sterben entwickeln.	Die SuS wissen, dass diese Vorstellungen unterschiedlich sein können. Die SuS sind sich ihrer eigenen Kriterien für ein wünschenswertes Sterben bewusst.	Die L leitet schließlich zum nächsten Unterrichtsschritt über: »*Wir wissen alle, dass wir uns nicht aussuchen können, wie wir einmal sterben werden. Daher ist die Frage: Wenn das Sterben so aussieht, wie es sich auf den roten Papierstreifen darstellt, welche Möglichkeiten könnte es geben, dem Sterbenden so weit wie möglich in den ‚grünen Bereich' zu verhelfen? Fallen euch Möglichkeiten dazu ein?*« Die SuS äußern ihre Gedanken zu dieser Frage.	
Transfer	Personale Kompetenz: Die SuS erkennen das Thema Sterbehilfe als eines, das auch sie persönlich angeht. Die SuS versuchen, sich in die Situation eines Sterbenden hineinzuversetzen und bilden sich aus dieser Perspektive eine Meinung zu den dargestellten Szenarien. Kommunikative Kompetenz: Die SuS können Anfragen an die geschilderten möglichen Szenarien formulieren. Die SuS können ihre Entscheidung für oder gegen die dargestellten Szenarien begründen. Soziale Kompetenz: Die SuS können die Sichtweisen ihrer Mitschüler stehen lassen, ohne sie zu bewerten. Ethische Kompetenz: Die SuS können sich über verschiedene Formen von Sterbehilfe aus der eingenommenen Perspektive eines Betroffenen ein persönliches Urteil bilden. Die SuS erkennen, dass die Frage nach unterschiedlichen Formen von Sterbehilfe nicht pauschal beantwortet werden kann.	Die SuS wissen, dass das Thema Sterbehilfe auch sie persönlich betreffen kann. Die SuS haben sich eine Meinung darüber gebildet, welche Formen von Sterbehilfe für sie persönlich in Frage kommen könnten.	Die SuS kehren an ihre Plätze zurück. Die L projiziert ein Arbeitsblatt an die Wand, auf dem verschiedene Formen der Sterbehilfe kurz dargestellt sind. Sie sind so formuliert, dass die SuS dazu aufgerufen sind, zu überlegen, ob eine solche Form der Sterbehilfe für sie selbst unter Umständen denkbar wäre. Die L geht die einzelnen dargestellten Szenarien der Reihe nach durch. Dabei können Verständnisfragen geklärt werden. Bei jedem Szenario können die SuS entscheiden, ob eine derartige Form von Sterbehilfe für sie persönlich vorstellbar wäre oder nicht. Die L hält die Ergebnisse fest, indem sie die Anzahl der SuS, die jeweils mit ›Ja‹, ›Nein‹ oder ›Weiß nicht‹ antworten, in die entsprechenden Kästchen neben den Szenarien einträgt. Die L fasst abschließend zusammen, dass es nicht immer einfach ist, pauschal eine Antwort darauf zu geben, welche Formen der Sterbehilfe für den einzelnen in Frage kommen könnten, da diese Entscheidung von vielen Faktoren abhängig ist. Das Arbeitsblatt **M 1** soll als Einstieg in die darauffolgende Stunde dienen.	L-S-Gspräch AB **M 1**: Das könnte ich mir vorstellen, Projektor

Stundenverläufe der gesamten Unterrichtseinheit

2. Unterrichtseinheit: Annäherung an Argumentationen für und gegen Sterbehilfe

Material: beschriftete Papierstreifen aus der vorangegangenen Stunde, Papierstreifen in rot und grün, Stift, Arbeitsblatt **M 2**: Fallbeispiel »Sven«

Stundenziel: Die SuS entwickeln Argumente für und gegen Sterbehilfe in einem konkreten Fall. Die SuS wissen, dass die Entscheidung für oder gegen Sterbehilfe im Einzelfall von vielen Faktoren abhängig ist und nicht pauschal getroffen werden kann.

Lernphase	Kompetenzen	Lernziele	L-S-Interaktion	Methode, Materialien
Einstieg und Anknüpfen an die vorangegangene Stunde	Personale Kompetenz: Die SuS entwickeln eine Vorstellung, wie sie sich ihr eigenes Sterben vorstellen würden. Die SuS machen sich die wichtigsten Kriterien bewusst, die für sie persönlich ein gutes und menschenwürdiges Sterben ausmachen. Die SuS können ihre persönlichen Vorstellungen von gutem und menschenwürdigem Sterben auf ihre Gründe hin hinterfragen. Die SuS können Ideen entwickeln, wie gutes und menschenwürdiges Sterben ermöglicht werden kann. Kommunikative Kompetenz: Die SuS können die Ergebnisse der vergangenen Stunde ihren Mitschülern mitteilen. Die SuS können ihre Vorstellung von gutem/menschenwürdigem Sterben kommunizieren und begründen. Die SuS können sich durch Rückfragen an Mitschüler über deren Sichtweisen verständigen. Soziale Kompetenz: Die SuS können die Sichtweisen ihrer Mitschüler akzeptieren und ohne Bewertung stehen lassen. Ethische Kompetenz: Die SuS können eine eigene Vorstellung von menschenwürdigem Sterben entwickeln.	Die SuS wissen, dass jeder Mensch bestimmte Vorstellungen von einem guten/ menschenwürdigen Sterben hat. Die SuS wissen, dass diese Vorstellungen sich unterscheiden können. Die SuS sind sich ihrer eigenen Kriterien für ein wünschenswertes Sterben bewusst.	Die L fordert die SuS auf, sich an der Tafel in einem Stehkreis zu versammeln. In die Mitte des Kreises legt sie die von den SuS in der vergangenen Stunde ausgefüllten Papierstreifen zu der Frage: »Wenn du dir aussuchen könntest, wie du einmal sterben willst, wie würdest du es dir vorstellen wollen (grüne Papierstreifen)/ wie würdest du auf keinen Fall sterben wollen (rote Papierstreifen)?« Die SuS, die in der vergangenen Stunde anwesend waren, erzählen den anderen SuS, was in der letzten Stunde erarbeitet wurde. Die Mitschüler, die in der vergangenen Stunde nicht anwesend waren, können im Gespräch Rückfragen stellen und eigene, eventuell neue Gesichtspunkte zu der Fragestellung einbringen. Die L kündigt an, dass sich die SuS nun anhand eines Fallbeispiels mit der Frage beschäftigen werden, wie man einen Sterbenden, der sich im ›roten Bereich‹ befindet, in den ›grünen Bereich‹ bringen kann, also wie man einem Sterbenden/ Sterbewilligen helfen könnte. Die L fordert die SuS auf, dazu auf ihre Plätze zurückzugehen.	Stehkreis L-S-Gespräch Beschriftete Papierstreifen aus der vergangenen Stunde, Leere Papierstreifen in rot und grün, Stift
Erarbeitung	Personale Kompetenz: Die SuS sind in der Lage, sich eine eigene Meinung zu dem dargebotenen Fallbeispiel zu bilden.	Die SuS wissen um die Schwierigkeit einer pauschalen Antwort auf die Frage nach Sterbehilfe.	Die L bittet die SuS, sich in drei Gruppen zusammenzufinden. Die Gruppen erhalten von der L das Arbeitsblatt **M 2** mit einem Fallbeispiel zum Thema Sterbehilfe.	Zweier-/ Dreiergruppe Gruppenarbeit AB **M 2**: Fallbeispiel ›Sven‹

	Die SuS können ihre Meinung im Austausch mit ihren Mitschülern reflektieren und eventuell modifizieren.	Die SuS wissen, dass unterschiedliche Faktoren und Überlegungen auf eine Entscheidung über Sterbehilfe Einfluss nehmen können.	Die L fordert die SuS auf, das Fallbeispiel in ihren Gruppen zu lesen und die darunter befindlichen Aufgaben zu diskutieren und ihre Ergebnisse in Stichworten festzuhalten. Die SuS bearbeiten in Gruppenarbeit die Aufgaben.	Blätter für Stichworte
Ergebnissicherung	Kommunikative Kompetenz: Die SuS können das Fallbeispiel anhand der Leitfragen mit ihren Mitschülern diskutieren. Die SuS sind in der Lage, ihre Einschätzung der Frage nach Sterbehilfe in dem Fallbeispiel zu kommunizieren und zu begründen. Die SuS können auf Rückfragen ihrer Mitschüler eingehen und sich mit differierenden Ansichten auseinandersetzen. Soziale Kompetenz: Die SuS können in ihrer Arbeitsgruppe selbstorganisiert das Fallbeispiel bearbeiten. Die SuS können ihre eigenen Vorstellungen und Überzeugungen sinnvoll in die Gruppenarbeit einbringen. Die SuS können die Meinungen ihrer Mitschüler zum Thema Sterbehilfe wahrnehmen und wertschätzend stehen lassen. Die SuS sind in der Lage, durch gemeinsames Abwägen der Argumente eine begründete Einschätzung der Frage nach der Sterbehilfe in dem konkreten Fallbeispiel zu formulieren. Ethische Kompetenz: Die SuS können die Problematik in der Entscheidungsfindung bei dem dargebotenen Fallbeispiel erkennen. Die SuS können die Handlungsoptionen im Fallbeispiel einschätzen, gegeneinander abwägen und bewerten. Die SuS können für sich eine begründete Entscheidung fällen, wie die Frage nach der Sterbehilfe im konkreten Beispiel zu beantworten ist.		Die L fordert die Gruppen dazu auf, ihre Ergebnisse den Mitschülern vorzutragen und zu begründen. Die SuS präsentieren ihre Ergebnisse und Entscheidungen. Währenddessen hält die L die Argumente für und gegen Sterbehilfe im Fallbeispiel an der Tafel fest. **Tafelbild zu M 2:** Sven sollte sterben dürfen! Ja Nein Durch Leitfragen lenkt die L die Aufmerksamkeit auf weitere Aspekte, die in der Entscheidungsfindung eine Rolle spielen könnten. Abschließend weist die L die SuS darauf hin, dass eine Entscheidung offenbar nicht immer ganz einfach zu fällen ist. Sie ist von vielen Faktoren abhängig, die bedacht werden müssen. An diese Komplexität soll die folgende Stunde thematisch anschließen.	L-S-Gespräch Tafel, Notizen der SuS, AB **M 2**: Fallbeispiel ›Sven‹

Stundenverläufe der gesamten Unterrichtseinheit

3. Unterrichtseinheit: Fallbeispiele zum Thema Sterbehilfe

Material: Plakat Tafelbild, Klebeband, Stifte, Arbeitsblatt **M 3**: Fallbeispiel »Christine«, Arbeitsblatt **M 4a**: Fallbeispiel »Herr P.«, Plakate für Gruppenarbeit, Arbeitsblatt **M 4b**: Fortsetzung Fallbeispiel »Herr P.«

Stundenziel: Die SuS wissen, dass die Frage nach Sterbehilfe im konkreten Fall von unterschiedlichen Faktoren abhängig ist und nur durch sorgfältiges Abwägen dieser Faktoren im Einzelfall beantwortet werden kann.

Lernphase	Kompetenzen	Lernziele	L-S-Interaktion	Methode, Materialien
Einstieg	Personale Kompetenz: Die SuS können sich eine eigene Meinung zu dem dargebotenen Fallbeispiel bilden. Die SuS können ihre Meinung im Austausch mit ihren Mitschülern reflektieren und eventuell modifizieren. Kommunikative Kompetenz: Die SuS können das in der vergangenen Stunde bearbeitete Fallbeispiel vorstellen. Die SuS sind in der Lage, die von ihnen gesammelten Argumente für oder wider Sterbehilfe im vorliegenden Fall darzustellen und zu begründen. Die SuS können weitere Argumente für oder wider Sterbehilfe im vorliegenden Fall formulieren. Soziale Kompetenz: Die SuS können die Meinungen ihrer Mitschüler wertschätzend stehen lassen. Ethische Kompetenz: Den SuS wird die Problematik in der Entscheidungsfindung im vorliegenden Fall bewusst. Die SuS können die Argumente und Handlungsoptionen im Fallbeispiel einschätzen, gegeneinander abwägen und bewerten. Die SuS können eine begründete Entscheidung fällen, wie die Frage nach Sterbehilfe im konkreten Beispiel beantwortet werden sollte.	Die SuS wissen um die Schwierigkeit einer Entscheidungsfindung bei der Frage nach Sterbehilfe im konkreten Fall. Die SuS wissen, dass unterschiedliche Faktoren und Überlegungen auf eine Entscheidung über Sterbehilfe Einfluss nehmen.	Die L hat das in der vorangegangenen Stunde im Unterrichtsgespräch mit den SuS erstellte Tafelbild auf ein großes Plakat übertragen. Dieses hängt sie an die Tafel. Die SuS werden dazu aufgefordert, das Fallbeispiel, das dem Tafelbild zugrunde liegt, kurz zu skizzieren und die Stichworte des Tafelbildes zu erläutern. Anschließend fragt die L die SuS, ob sie dem Tafelbild noch weitere Stichworte hinzufügen wollen. Durch Leitfragen regt die L die SuS dazu an, weitere Aspekte der Entscheidung für oder gegen Sterbehilfe im Fallbeispiel in Betracht zu ziehen. Diese werden stichwortartig auf dem Plakat festgehalten. Abschließend lässt die L die SuS darüber abstimmen, welche Entscheidung letztlich in dem Fallbeispiel getroffen werden sollte und hält diese auf dem Plakat fest.	Plakat, Tafelbild (**M 2**), Klebeband, Stift L-S-Gespräch
Erarbeitung	Personale Kompetenz: Die SuS können verschiedene Argumente für oder wider Sterbehilfe im konkreten Fall gegeneinander abwägen.	Die SuS wissen um die Schwierigkeit einer Entscheidungsfindung bei der Frage nach Sterbehilfe im konkreten Fall.	Die L teilt die SuS in drei Gruppen ein. Jede Gruppe erhält ein weiteres Fallbeispiel: – 2 mal Zweiergruppe »Herr P.« – 1 mal Dreiergruppe »Christine«	Zweier-/ Dreiergruppe Partner-/ Gruppenarbeit

Die SuS sind in der Lage, sich eine eigene Meinung zu den dargebotenen Fallbeispielen zu bilden. Die SuS können im Austausch mit Mitschülern ihre Meinung reflektieren. Kommunikative Kompetenz: Die SuS können die dargebotenen Fallbeispiele anhand der Leitfragen auf den Arbeitsblättern diskutieren. Die SuS sind in der Lage, Argumente für oder wider Sterbehilfe im konkreten Fall zu formulieren. Die SuS können ihre eigene Meinung zum Thema Sterbehilfe im jeweiligen Fall kommunizieren und begründen. Die SuS können auf kritische Rückfragen ihrer Mitschüler eingehen und sich mit differierenden Ansichten auseinandersetzen. Soziale Kompetenz: Die SuS bringen ihre eigenen Argumente und Vorstellungen in die Gruppenarbeit ein. Die SuS können die Meinungen ihrer Mitschüler wertschätzend annehmen und stehen lassen. Die SuS können in ihrer Arbeitsgruppe selbstorganisiert die Fallbeispiele anhand der Leitfragen bearbeiten. Die SuS sind in der Lage, durch gemeinsames Abwägen der Argumente eine begründete Einschätzung der Frage nach Sterbehilfe in ihrem konkreten Beispiel zu formulieren. Die SuS können bei der Entscheidungsfindung die unterschiedlichen Standpunkte ihrer Mitschüler wertschätzend einbeziehen. Ethische Kompetenz: Die SuS können die jeweilige Problematik der einzelnen Fallbeispiele erkennen. Die SuS können die Argumente für oder wider Sterbehilfe im konkreten Fall gegeneinander abwägen und bewerten.	Die SuS wissen, dass unterschiedliche Faktoren und Überlegungen auf eine Entscheidung über Sterbehilfe Einfluss nehmen.	Die SuS bekommen den Arbeitsauftrag, die Fallbeispiele analog zu dem bereits bearbeiteten zu diskutieren und ihre Ergebnisse auf einem Plakat festzuhalten. Die beiden Zweiergruppen werden hierbei dazu aufgefordert, nach der Diskussion der Fallbeispiele in Partnerarbeit (zu viert) ein Plakat zu erstellen. Die SuS erhalten für diese Aufgabe ca. 20 Minuten Zeit.	AB Fallbeispiele: – Christine **(M 3)** – Herr P. **(M 4)** Plakate, Stifte

	Die SuS sind in der Lage, eine begründete Entscheidung zu fällen, wie die Frage nach Sterbehilfe im konkreten Fall zu beantworten ist.			
Ergebnissicherung	Personale Kompetenz: Die SuS können weitere Argumente ihrer Mitschüler in ihre eigene Argumentation integrieren. Kommunikative Kompetenz: Die SuS sind in der Lage, die von ihnen bearbeiteten Fallbeispiele und ihre Argumentation zur Entscheidungsfindung den Mitschülern verständlich darzustellen. Die SuS können auf Rückfragen ihrer Mitschüler reagieren. Soziale Kompetenz: Die SuS können die Ergebnisse der Argumentation ihrer Mitschüler wertschätzend stehen lassen. Ethische Kompetenz: Die SuS erkennen anhand der unterschiedlichen Fallbeispiele die zunehmende Komplexität der Frage nach Sterbehilfe. Die SuS können für sich in den jeweiligen Fallbeispielen eine begründete Entscheidung für oder wider Sterbehilfe finden.	Die SuS wissen, dass die Beantwortung der Frage nach Sterbehilfe in jedem Fall durch je spezifische Faktoren beeinflusst ist. Die SuS wissen, dass eine pauschale Antwort auf die Frage nicht möglich ist. Den SuS ist bewusst, dass die Veränderung einzelner Faktoren und Begleitumstände jeweils Einfluss auf die Entscheidungsfindung nimmt.	Die SuS stellen ihre Fallbeispiele und die Ergebnisse ihrer Gruppenarbeiten vor. Die zuhörenden Mitschüler können dabei Rückfragen stellen oder die gesammelten Stichpunkte zu den Fallbeispielen durch weitere Aspekte ergänzen. Diese werden dann auf den Plakaten festgehalten. Bei beiden Fallbeispielen erfolgt schließlich eine Abstimmung, ob darin beschriebene Sterbehilfe zugelassen werden sollte oder nicht. Das Ergebnis wird auf den Plakaten festgehalten.	Gruppenarbeit Ergebnispräsentation Plakate
Schluss	Personale Kompetenz: Die SuS können anhand der neuen Informationen zu dem Fallbeispiel ihre vorangegangene Entscheidung nochmals überdenken und eventuell modifizieren. Ethische Kompetenz: Die SuS sind in der Lage, zu einer begründeten Entscheidung in der Frage nach Sterbehilfe im konkreten Fall zu kommen.		Die L liest den SuS zum Abschluss die Fortsetzung eines der Fallbeispiele vor. Sie fragt die SuS, ob und wie die darin enthaltenen Informationen Einfluss auf ihre Entscheidung in diesem Beispiel nehmen. Die L weist die SuS abschließend nochmals darauf hin, dass es viele Faktoren gibt, die auf eine Entscheidung zur Sterbehilfe Einfluss nehmen und dass – wie gesehen – einzelne hinzukommende Faktoren die Entscheidung nachhaltig beeinflussen können. Sterbehilfe ist somit immer eine Einzelfallentscheidung.	Lehrervortrag AB **M 4b**: Fortsetzung Fallbeispiel ›Herr P.‹

4. Unterrichtseinheit: Formen der Sterbehilfe: aktive, passive, indirekte

Material: Plakate Fallbeispiele, Arbeitsblatt **M 5**: »Formen der Sterbehilfe«, Projektor

Stundenziel: Die SuS kennen die drei Formen der Sterbehilfe (aktive, passive, indirekte) und können sie voneinander unterscheiden.

Lernphase	Kompetenzen	Lernziele	L-S-Interaktion	Methode, Materialien
Einstieg		Die SuS wissen, dass es sich bei den bisher bearbeiteten Fallbeispielen um Fälle von Sterbehilfe handelt.	Die L hängt die in der vorangegangenen Stunde entstandenen Plakate zu den diskutierten Fallbeispielen als Erinnerungshilfe an die Tafel. Über den Plakaten bleibt ein Platz für eine Überschrift frei. Die L fordert die SuS dazu auf, sich an die Fallbeispiele zu erinnern: »*In den vergangenen Stunden habt ihr euch mit unterschiedlichen Fallbeispielen auseinandergesetzt und versucht, euch ein Urteil darüber zu bilden und zu einer Entscheidung zu kommen. Die Beispiele waren sehr unterschiedlich, aber sie haben ein gemeinsames Thema, das ihr in der letzten Stunde auch schon genannt habt.*« Die SuS nennen das Thema ›Sterbehilfe‹. Die L schreibt das Thema als Überschrift über die Plakate an die Tafel.	Plakate, Fallbeispiele L-S-Gespräch
Erarbeitung I Ergebnissicherung I	Personale Kompetenz: Die SuS können ihre eigene Vorstellung einer Definition von Sterbehilfe anhand der Vorstellungen ihrer Mitschüler verändern. Kommunikative Kompetenz: Die SuS können Elemente einer Definition von Sterbehilfe formulieren. Die SuS können sich argumentativ mit Definitionsvorschlägen ihrer Mitschüler auseinandersetzen. Die SuS können gemeinsam eine verbindliche Definition von Sterbehilfe formulieren. Soziale Kompetenz: Die SuS können die Definitionsvorschläge ihrer Mitschüler wertschätzend annehmen und stehen lassen.	Die SuS kennen eine Definition des Begriffes Sterbehilfe.	Die L stellt den SuS die Aufgabe: »*Wenn ich diesen Begriff noch nie gehört hätte und würde euch fragen: Was ist Sterbehilfe? Versucht einmal, mir das zu erklären.*« Die SuS machen Vorschläge zu einer Definition von Sterbehilfe. Die L hält relevante Stichworte an der Tafel fest. Abschließend wird aus diesen Stichworten eine Definition formuliert und unter der Überschrift festgehalten. »*Sterbehilfe = den Tod eines Menschen durch fachkundige Behandlung herbeiführen, erleichtern oder nicht aufhalten*« Die SuS erhalten das Arbeitsblatt **M 5**, auf das sie die Definition übertragen.	Tafel, Plakate, Fall-beispiele L-S-Gespräch AB **M 5**: ›Formen der Sterbehilfe‹

Erarbeitung II	Personale Kompetenz: Die SuS können anhand der Fallbeispiele Merkmale der unterschiedlichen Formen der Sterbehilfe herausarbeiten. Kommunikative Kompetenz: Die SuS können die unterscheidenden Merkmale der drei Formen der Sterbehilfe formulieren. Die SuS können sich in der Gruppe über die Merkmale der Formen der Sterbehilfe austauschen. Soziale Kompetenz: Die SuS können in der Gruppe gemeinsam die Merkmale der Formen der Sterbehilfe erarbeiten.	Die SuS können die drei Formen der Sterbehilfe (aktive, indirekte, passive) voneinander unterscheiden. Die SuS können die drei Formen der Sterbehilfe definieren.	Die L gibt den SuS den Auftrag, sich in drei Gruppen zusammenzufinden. Jede Gruppe bekommt einen der Fälle zugeteilt mit der Aufgabe: »*In allen drei Fällen handelt es sich um Sterbehilfe. Aber in den drei Fällen wird sie unterschiedlich durchgeführt. Überlegt euch kurz in der Gruppe, wie genau die Sterbehilfe in eurem Fallbeispiel geschieht und schreibt euer Ergebnis auf (noch nicht! auf das Arbeitsblatt)*« Die SuS erarbeiten in ihren Gruppen die Merkmale der Sterbehilfe in ihrem Fallbeispiel: – Christine: Schmerztherapie wird durchgeführt, die als Nebenwirkung Lebensverkürzung zur Folge hat (vorher: passiv → Therapie wird nicht begonnen) – Sven: Lebenserhaltende/-verlängernde Maßnahme wird eingestellt – Herr P.: Tötung durch Verabreichung eines tödlichen Medikaments	Zweier-/Dreiergruppe Partner-/Gruppenarbeit
Ergebnissicherung II			Die SuS stellen ihre Ergebnisse vor. Im Anschluss an die Präsentation jeder Gruppe deckt die L die Definitionen der einzelnen Formen der Sterbehilfe auf dem bereits ausgefüllten Arbeitsblatt (**M 5b**) unter dem Projektor auf. Die SuS übertragen diese auf ihr Arbeitsblatt. Die L weist die SuS auf die Unterscheidung zwischen aktiver und indirekter Sterbehilfe hin: »*Bei Herrn P. und Christine wird in beiden Fällen ein Medikament verabreicht, das den Tod zur Folge hat. Sind die Fälle gleich zu bewerten? Worin liegt der Unterschied?*« Die Intention der Medikamentengabe wird als Unterscheidungskriterium festgehalten. Anschließend trägt die L die Bezeichnungen der unterschiedlichen Formen der Sterbehilfe auf dem Arbeitsblatt **M 5** ein und fordert die SuS dazu auf, auch diese auf ihr Arbeitsblatt zu übertragen.	L-S-Gespräch AB **M 5**: ›Formen der Sterbehilfe‹, Projektor
			Die L bittet die SuS einen Fragebogen auszufüllen, um zusätzliche Informationen über soziale Hintergründe und religiöse Einstellungen der SuS zu gewinnen.	

5. Unterrichtseinheit: Medizinisch-assistierter Suizid

Material: PC, Beamer, Film »Assistierter Suizid«, Arbeitsblatt **M 6**: Fallbeispiel »Erica«, Tafel, Projektor, Arbeitsblatt **M 5**: Formen der Sterbehilfe, Arbeitsblatt **M 7**: Regelung zur Sterbehilfe in Europa, **Film:** Assistierter Suizid. Ein Recht auf Leben – ein Recht auf Sterben (5 Min.) https://www.youtube.com/watch?v=CnfVNT0b8eI

Stundenziel: Die SuS können assistierten Suizid im Unterschied zu aktiver, passiver und indirekter Sterbehilfe definieren.

Lernphase	Kompetenzen	Lernziele	L-S-Interaktion	Methode, Materialien
Einstieg	Personale Kompetenz: Die SuS reflektieren durch die Konfrontation mit dem Fallbeispiel zum assistierten Suizid ihr bisheriges Wissen und ihre Vorstellungen zur Sterbehilfe. Soziale Kompetenz: Die SuS setzen sich mit der Person und dem Schicksal Ericas auseinander. Ethische Kompetenz: Die SuS erkennen den im Film dargestellten assistierten Suizid als ethisches Problem.	Die SuS kennen ein Fallbeispiel für assistierten Suizid.	Die L kündigt den SuS an, dass zum Unterrichtseinstieg ein Film gezeigt wird: *»Ich zeige euch jetzt einen Film, der euch in das Thema einführt, über das ich heute mit euch sprechen will. Dieser Film kann unter Umständen sehr berührend sein und es kann Situationen im Leben geben, in denen man sich so einen Film lieber nicht anschauen möchte. Wenn ihr merkt, dass ihr ihn lieber nicht bis zum Ende anschauen wollt, dürft ihr den Raum leise verlassen. Wartet dann auf dem Flur, ich hole euch danach wieder herein. Wenn jemand den Raum verlässt, dann erwarte ich, dass die anderen das unkommentiert lassen.«* Die L zeigt den SuS den Film »Assistierter Suizid«.	Frontal Film: »Assistierter Suizid« PC, Beamer
Erarbeitung I	Personale Kompetenz: Die SuS machen sich ihre Gefühle zum im Film dargestellten Fallbeispiel bewusst. Die SuS können ihre eigene Einschätzung des Gesehenen zum Ausdruck bringen. Die SuS können Anfragen an das im Film Gesehene formulieren. Ethische Kompetenz: Die SuS können ihre eigene Beurteilung der Situation des assistierten Suizids in Form von Fragen Ausdruck verleihen.	Die SuS haben das Geschehen im Film auf persönlicher Ebene reflektiert. Die SuS sind sich ihrer persönlichen Anfragen an die konkrete Situation des assistierten Suizids bewusst.	Vermutlich werden die SuS sich nach Ende des Filmes zum Gesehenen äußern wollen. Die L fordert die SuS jedoch dazu auf, sich zunächst zurückzuhalten: *»Bevor wir uns über den Film unterhalten, bekommt ihr von mir jetzt ein Arbeitsblatt. Auf diesem Arbeitsblatt geht es ausschließlich um eure eigenen Gedanken und Eindrücke. Darum füllt ihr in den nächsten fünf Minuten alleine und ohne euch mit eurem Sitznachbarn auszutauschen das Arbeitsblatt aus.«* Die SuS beantworten die Fragen auf dem Arbeitsblatt **M 6**.	AB **M 6**: Fallbeispiel ›Erica‹ Einzelarbeit/ Stillarbeit
Vertiefung	Personale Kompetenz: Die SuS können ihre eigene Einschätzung zum assistierten Suizid äußern. Die SuS können ihre persönliche Einschätzung im Austausch mit ihren Mitschülern reflektieren, argumentativ erweitern und modifizieren.	Die SuS wissen, was sich hinter der Praxis des assistierten Suizids verbirgt.	Die L fordert die SuS auf, sich in einem Stuhlkreis (Halbkreis, der zur Tafel hin geöffnet ist) zusammenzufinden und ihre ausgefüllten Arbeitsblätter mitzubringen. *»Ihr nehmt jetzt euren Stuhl, kommt mit ihm nach vorne und setzt euch in einen Halbkreis, so dass ihr die Tafel noch sehen könnt. Bringt euer Arbeitsblatt mit.«*	Stuhlkreis AB **M 6**: ›Fallbeispiel Erica‹

	Kommunikative Kompetenz: Die SuS können ihre Gefühle und Beobachtungen in Bezug auf den gezeigten Film zum Ausdruck bringen.		Die L eröffnet das Gespräch mit der ersten Frage des Arbeitsblattes: *»Welche Gefühle hat der Film bei euch ausgelöst?«*	L-S-Gespräch
	Die SuS können beschreiben, worum es im gezeigten Film geht.		Die SuS äußern ihre Empfindungen dem Film gegenüber. Im Unterrichtsgespräch wird die im Film dargestellte Situation erläutert und die Fragen der SuS zum Gesehenen geklärt.	
	Die SuS können die Äußerungen ihrer Mitschüler wahrnehmen und darauf reagieren.			
	Soziale Kompetenz: Die SuS können von der eigenen Einschätzung abweichende oder dieser widersprechende Äußerungen ihrer Mitschüler akzeptieren und stehen lassen.		Die L hält eventuell aufscheinende Merkmale des assistierten Suizids an der Tafel fest: – Erica äußert den Willen zu sterben – Erica ist erwachsen, zurechnungsfähig (Nachfrage nach Namen und festem Willen) – Eine andere Person verschafft und reicht das tödliche Medikament, – das Erica aber SELBST einnimmt	Tafel
	Weltdeutungskompetenz: Die SuS versuchen, ein Verständnis für die Entscheidung Ericas im Film zu entwickeln.			
	Die SuS können Ericas Entscheidung für assistierten Suizid auf mögliche biographische Hintergründe hin befragen.			
	Ethische Kompetenz: Die SuS erkennen den assistierten Suizid als ethisches Problem.			
	Die SuS setzen sich mit der Rolle und den möglichen Empfindungen der Personen auseinander, die Erica begleiten.			
	Die SuS entwickeln alternative Handlungsmöglichkeiten für Erica.			
Verknüpfung mit der vorangegangenen Stunde	Kommunikative Kompetenz: Die SuS können aktive, passive und indirekte Sterbehilfe in eigenen Worten definieren.	Die SuS wiederholen die Definitionen von aktiver, passiver und indirekter Sterbehilfe.	Die L fordert die SuS auf, sich wieder an ihre Plätze zu setzen. Sie verweist die SuS auf die an der Tafel festgehaltenen Definitionsmerkmale des assistierten Suizids. *»Ich habe während des Gespräches an der Tafel einige Stichworte festgehalten. Erinnert euch an die letzte Stunde. Da haben wir drei verschiedene Formen der Sterbehilfe unterschieden und definiert. Erklärt mir noch einmal die drei Formen.«*	Tafelanschrieb L-S-Gespräch
	Die SuS können die unterscheidenden Merkmale der einzelnen Formen der Sterbehilfe beschreiben.			
	Die SuS können begründen, warum es sich beim Fall ›Erica‹ um eine vierte, noch nicht genannte Form der Sterbehilfe handelt.			
	Ethische Kompetenz: Die SuS erkennen den qualitativen Unterschied zwischen assistiertem Suizid und den anderen Formen der Sterbehilfe.		Sollten die SuS Schwierigkeiten haben, sich an die bereits eingeführten Formen der Sterbehilfe zu erinnern, projiziert die L als Erinnerungshilfe das Arbeitsblatt aus der letzten Stunde an die Wand. *»Versucht, den Fall von Erica einer dieser Formen zuzuordnen!«*	AB **M 5**: ›Formen der Sterbehilfe‹, Projektor

			Die SuS mutmaßen, um welche Form der Sterbehilfe es sich im Fall ›Erica‹ handeln könnte. Gemeinsam arbeiten die SuS heraus, dass der vorliegende Fall ›Erica‹ durch keine der bereits besprochenen Formen abgedeckt ist, es sich also um eine vierte Form handelt.	
Erarbeitung II	Personale Kompetenz: Die SuS können für sich die entscheidenden Merkmale des assistierten Suizids formulieren. Die SuS können eine eigene Definition des assistierten Suizids entwickeln. Die SuS können diese Definition im Austausch mit ihren Mitschülern modifizieren. Kommunikative Kompetenz: Die SuS können eine eigene Definition von assistiertem Suizid formulieren. Die SuS können sich argumentativ mit ihren Mitschülern über ihre jeweiligen Definitionsvorschläge austauschen. Soziale Kompetenz: Die SuS können die Definitionsvorschläge ihrer Mitschüler wertschätzen. Die SuS können sich unter Einbeziehung der Vorschläge ihrer Mitschüler auf eine Definition von assistiertem Suizid einigen.	Die SuS haben eine eigene Definition von assistiertem Suizid erarbeitet.	Die L fordert die SuS dazu auf, Partner- bzw. Gruppenarbeit anhand der besprochenen Merkmale des Falles ›Erica‹ eine Definition der festgestellten vierten Form der Sterbehilfe zu formulieren. »*Ihr habt jetzt herausgearbeitet, dass es sich um keine der drei Formen der Sterbehilfe handelt, die wir schon kennengelernt haben. Es muss also eine vierte Form sein. Versucht mit eurem Sitznachbarn, in einem Satz zu definieren, was diese Form der Sterbehilfe ausmacht. Schreibt diese Definition auf.*«	Zweier-/Dreiergruppe Partner-/Gruppenarbeit Tafelanschrieb, Papier für Definitionen
Ergebnissicherung	Personale Kompetenz: Die SuS können ihre eigene Meinung über die korrekte Definition assistierten Suizids äußern und anhand der Meinungen ihrer Mitschüler reflektieren. Kommunikative Kompetenz: Die SuS können sich mit ihren Mitschülern über die unterschiedlichen Definitionsvorschläge der einzelnen Gruppen austauschen. Die SuS können wertschätzende und konstruktive Kritik an den Definitionsvorschlägen ihrer Mitschüler üben. Die SuS können Verbesserungsvorschläge zu den Definitionsversuchen formulieren.	Die SuS kennen Begriff und Definition von assistiertem Suizid.	Die SuS tragen ihre Definitionsversuche vor. Die Mitschüler nehmen dazu jeweils Stellung und machen Verbesserungsvorschläge. Nun sollen die SuS sich für die in ihren Augen treffendste Definition entscheiden. Diese wird von der L an die Tafel geschrieben. »*Seid ihr zufrieden mit dieser Definition? Oder fehlt eurer Meinung nach noch etwas?*« Eventuell werden fehlende Elemente der Definition ergänzt (vgl. mit Lösung **M 5**). Wenn die Definition inhaltlich korrekt ist und die wesentlichen Merkmale des assistierten Suizids enthält, fordert die L die SuS dazu auf, diese in die vierte Spalte des Arbeitsblattes **M 5** aus der vorangegangenen Stunde zu übertragen.	Unterrichtsgespräch Definitionen der SuS Tafel. Projektor, AB **M 5**: ›Formen der Sterbehilfe‹

| | Soziale Kompetenz:
Die SuS können die Definitionsversuche ihrer Mitschüler wertschätzend anhören und stehen lassen.

Die SuS können sich im Austausch mit ihren Mitschülern auf eine abschließende Definition assistierten Suizids einigen. | | Als letzten Schritt verweist die L darauf, dass noch eine Bezeichnung für diese Form der Sterbehilfe fehlt. Die L fordert die SuS auf:
»*Auf unserem Arbeitsblatt fehlt jetzt noch eine Bezeichnung für diese vierte Form der Sterbehilfe. Macht einen Vorschlag, wie man diese Form nennen könnte.*«

Die SuS machen Vorschläge zur Benennung dieser Form der Sterbehilfe. Die L lenkt die SuS eventuell durch Leitfragen in die richtige Richtung.

Schließlich wird der Begriff des assistierten Suizids in die Tabelle der Formen der Sterbehilfe eingetragen. | |

Ergänzend finden sich in **M 7** die Regelungen zur Sterbehilfe in Europa (Stand: November 2015).

Materialien zur Unterrichtseinheit

- **M 1**: Das könnte ich mir vorstellen (1. Stunde)
- **M 2**: Fallbeispiel »Sven«, mit Tafelbild (2. Stunde)
- **M 3**: Fallbeispiel »Christine« (3. Stunde)
- **M 4a**: Fallbeispiel »Herr P.« (3. Stunde)
- **M 4b**: Fallbeispiel »Herr P.« – Fortsetzung (3. Stunde)
- **M 5**: Definition und Formen der Sterbehilfe (4. Stunde) + Lösungsblatt
- **M 6**: Film: Fallbeispiel »Erica« (5. Stunde) + Lösungsblatt
- **M 7**: Regelungen zur Sterbehilfe in Europa (5. Stunde)

M 1 — Das könnte ich mir vorstellen

	Ja	?	Nein
Wenn ich im Sterben läge und unter starken Schmerzen leiden würde, würde ich starke Schmerzmittel bekommen wollen, auch wenn das bedeuten würde, dass mein Tod dadurch beschleunigt wird.			
Wenn ich im Sterben läge und unter starken Schmerzen leiden würde, würde ich wollen, dass die Schmerzmittel so hoch dosiert werden, dass mein Tod dadurch beschleunigt wird.			
Wenn ich an einer unheilbaren, tödlichen Krankheit leiden würde, würde ich auf lebensverlängernde Therapien verzichten.			
Wenn ich im Sterben läge und nicht mehr bei Bewusstsein wäre, würde ich wollen, dass lebensverlängernde Maßnahmen (künstliche Ernährung, Beatmung) eingestellt werden, um meinen Tod nicht weiter hinauszuzögern.			
Wenn ich im Sterben läge und nicht mehr bei Bewusstsein wäre, würde ich wollen, dass meine nächsten Angehörigen über die Einstellung lebensverlängernder Maßnahmen entscheiden.			
Wenn ich an einer unheilbaren Krankheit leiden würde, von der ich wüsste, dass sie sich noch lange hinziehen wird und mit großem Leiden verbunden ist, würde ich wollen, dass ein Arzt meinem Leben ein Ende setzt.			
Wenn ich im Sterben läge und mein Sterben mit großem Leiden verbunden wäre, würde ich wollen, dass ein Arzt durch Gabe bestimmter Medikamente meinem Leben ein Ende setzt.			
Wenn ich im Sterben läge und mein Sterben mit großem Leiden verbunden wäre, ich aber selbst nicht mehr in der Lage wäre, eine Entscheidung zu fällen, würde ich wollen, dass meine nächsten Angehörigen entscheiden, dass ein Arzt meinem Leben ein Ende setzt.			

M 2 Fallbeispiel »Sven«

Sven S. ist 25 Jahre alt. Er studiert Jura an der Universität und hat das Ziel, Rechtsanwalt zu werden. Seit drei Jahren hat er eine feste Freundin, Anna. Die Beziehung mit Anna läuft gut, die beiden planen bald in eine gemeinsame Wohnung zu ziehen. In letzter Zeit hat Anna aber immer wieder das Gefühl, dass Sven sich von ihr zurückzieht. Svens Mutter ist gestorben, als er 17 war. Das Verhältnis zu seinem Vater ist schwierig. Seinem Vater gehört eine gut laufende Firma. Er hätte sich gewünscht, dass sein Sohn die Firma eines Tages weiter leitet und ist daher nicht glücklich, dass Sven andere Pläne für seine Zukunft hat. Auch mit Svens Freundin versteht der Vater sich nicht besonders gut. Er besucht Sven daher selten und die gelegentlichen Telefonate enden meist im Streit. Sven leidet immer noch unter dem frühen Tod der Mutter und auch unter dem angespannten Verhältnis zum Vater.

Eines Morgens findet ihn seine Freundin in seinem Studierendenzimmer mit einer Schlinge um den Hals vor. Sven lebt, ist aber nicht ansprechbar. In seinem Zimmer liegt ein Abschiedsbrief, in dem er erklärt, dass ihm sein Leben sinnlos erscheint und er daher lieber sterben wolle. Anna ruft den Notarzt und Sven wird ins Krankenhaus gebracht. Es stellt sich heraus, dass durch seinen Selbstmordversuch sein Gehirn bleibenden Schaden genommen hat. Er liegt im Koma und die Ärzte sind sich einig, dass es keine Chance gibt, dass er wieder erwacht. Nach einigen Wochen äußert sein Vater den Wunsch, dass die künstliche Ernährung eingestellt wird, damit sein Sohn sterben kann. Er ist der Meinung, dass man gar nicht hätte versuchen sollen, Sven nach seinem Selbstmordversuch zu retten. Er habe seinen Tod ja selbst gewählt. Anna ist wütend über den Wunsch des Vaters. Sie hofft immer noch, dass Sven wieder aufwacht.

Diskutiert in eurer Gruppe über folgende Fragen. Begründet eure Antworten.

1. Versucht den Wunsch des Vaters zu verstehen und sammelt Argumente aus seiner Sicht.

2. Was könnte dafür sprechen, Sven sterben zu lassen? Was könnte dagegen sprechen?

3. Wenn ihr zu entscheiden hättet: Würdet ihr dem Wunsch des Vaters nachkommen und die künstliche Ernährung einstellen?

M 3 Fallbeispiel »Christine«

Christine ist 33 Jahre alt und Sportlerin. Ihre große Leidenschaft ist es, Volleyball zu spielen. Seit ihrer Kindheit nimmt sie regelmäßig erfolgreich an Wettkämpfen teil. Ihre eigene Karriere als Sportlerin nähert sich zwar dem Ende, aber sie träumt davon, später als Trainerin zu arbeiten.

Als sie über einen längeren Zeitraum Schmerzen im Bein hat und schließlich das Bein nicht mehr richtig bewegen kann, geht sie zum Arzt. Im Krankenhaus stellt sich heraus, dass Christine unter Knochenkrebs leidet. Alle Behandlungsversuche schlagen fehl, sodass die Ärzte ihr schließlich mitteilen, dass nur durch die Amputation des Beins eine Chance bestehe, die Krankheit einzudämmen. Wenn Christine dem nicht zustimme, würde sich der Krebs weiter ausbreiten und sie werde sterben.

Christine bittet um einige Tage Bedenkzeit. Dann teilt sie den Ärzten mit, dass sie auf keinen Fall das Bein abnehmen lassen will. Ohne ihr Bein könne sie ihren Sport nicht mehr so ausüben wie bisher. Alle ihre Zukunftsträume seien geplatzt. Und selbst wenn sie der Operation zustimme, sei es möglich, dass die Krankheit trotzdem weiter fortschreitet. Da alle anderen Heilungsversuche bereits fehlgeschlagen sind, können die Ärzte ihr nur noch anbieten, ihr Medikamente zu geben, die die starken Schmerzen in ihrem Bein lindern. Damit die Medikamente ihr auch wirklich die Schmerzen nehmen können, müssen sie hoch dosiert werden. Als Nebenwirkung ist zu erwarten, dass Christines Tod dadurch schneller eintritt. Christine entscheidet sich, lieber schmerzfrei und schnell zu sterben als ein Leben weiterzuleben, das für sie keinen Sinn mehr hat. Christines Eltern sind von ihrer Entscheidung entsetzt.

Diskutiert in eurer Gruppe über folgende Fragen. Begründet eure Antworten.

1. Beschreibt Christines Entscheidungsprozess.

2. Was spricht dafür, Christines Wunsch nachzukommen? Was könnte dagegen sprechen?

3. Wenn ihr zu entscheiden hättet: Sollte Christines Wunsch nachgekommen werden? Sammelt Argumente für und wider.

M 4a — Fallbeispiel »Herr P.«

Herr P. ist 65 Jahre alt, als er bemerkt, dass er immer vergesslicher wird. Er geht daraufhin zum Arzt. Der stellt fest, dass Herr P. unter einer beginnenden Alzheimer-Krankheit leidet.

Alzheimer ist nicht heilbar. Die Krankheit führt bei den betroffenen Patienten dazu, dass sie immer vergesslicher werden. Zuerst verlieren sie mehr und mehr das Kurzzeitgedächtnis, können sich also an Geschehnisse und Personen aus der jüngeren Vergangenheit nicht mehr erinnern. Dann geht nach und nach auch das Langzeitgedächtnis verloren. Die Patienten verlieren die Erinnerung an ihre Vergangenheit und erkennen zuletzt ihre engsten Angehörigen nicht wieder.

Im Endstadium der Krankheit sind die Betroffenen vollständig pflegebedürftig, da sie selbst einfachste alltägliche Aufgaben und Handlungen nicht mehr selbstständig bewältigen können. Die Krankheit kann sich über viele Jahre hinziehen, was eine Belastung auch für die Angehörigen sein kann. Sie müssen zusehen, wie sich der geliebte Mensch immer mehr verändert und ‚abbaut'.

Herr P. äußert daher den Wunsch, dass in dem Moment, da er seine Angehörigen nicht mehr erkennt, sein Leben durch einen Arzt beendet werden soll. Diesen Wunsch hält er auch schriftlich fest. Durch Gabe von Medikamenten gelingt es noch einige Zeit, Herrn P.s Zustand einigermaßen stabil zu halten. Nach sieben Jahren ist es aber soweit: Herr P. erkennt seine Frau, seine Kinder und Enkelkinder nicht mehr.

(…)

Diskutiert in eurer Gruppe über folgende Fragen. Begründet eure Antworten.

1. Inwiefern ist Herrn P.s Wunsch zu sterben nachvollziehbar?
2. Was spricht dafür, Herrn P. seinen Wunsch zu erfüllen? Was könnte dagegen sprechen?

M 4b — Fallbeispiel »Herr P.« (Fortsetzung)

(...)

Nachdem Herr P. seine Familienangehörigen nicht mehr erkennt, wird ein Arzt gerufen, der ihm seinen Wunsch erfüllen soll. Als der Arzt im Pflegeheim eintrifft, findet er Herrn P. auf dem Balkon seines Zimmers vor. Herr P. sitzt friedlich lächelnd in der Sonne und beobachtet einen Vogel, der in einem nahen Baum gerade ein Nest baut.

Herr P. erkennt seine Frau, die den Arzt begleitet, nicht. Auch an den Arzt erinnert er sich nicht mehr. Er begrüßt beide trotzdem freundlich lächelnd und beginnt gleich ein Gespräch. Er redet über den Vogel, freut sich über die schönen Blumen im Blumenkasten und fragt schließlich, was es heute zum Mittagessen gibt. Dabei wirkt er glücklich und zufrieden. Seine Frau und seine Kinder sind jetzt dagegen, seinem Wunsch nach Sterbehilfe nachzukommen, da Herr P. sein Leben jeden Tag zu genießen scheint.

Diskutiert in eurer Gruppe über folgende Frage. Begründet eure Antwort.

Wenn ihr zu entscheiden hättet: Würdet ihr dem Wunsch nach Sterbehilfe, den Herr P. vor sieben Jahren geäußert hat, nachkommen?

M 5a Sterbehilfe

=

Formen der Sterbehilfe:

Herr P.	Sven	Christine	Film

M 5b Sterbehilfe (Lösung)

> = den Tod eines Menschen durch fachkundige Behandlung herbeiführen, erleichtern oder nicht aufhalten

Formen der Sterbehilfe:

Herr P.	Sven	Christine	Film
Aktive Sterbehilfe	Passive Sterbehilfe	Indirekte Sterbehilfe	Assistierter Suizid
Gezielte Tötung eines Patienten durch einen nicht einer kurativen oder palliativen Behandlung dienenden Eingriff, um weiteres Leiden zu ersparen oder um dem Wunsch einer Tötung auf Verlangen zu entsprechen.	Verzicht auf (weitere) lebenserhaltende Maßnahmen, ggf. auch durch Beenden bereits bestehender Therapiemaßnahmen und Konzentration auf palliative Sterbebegleitung	Durchführung einer Schmerztherapie im Sterbeprozess, die als unvermeidbare Nebenwirkung eine Lebensverkürzung zur Folge hat, die jedoch nicht beabsichtigt ist.	Mitwirkung bei der Selbsttötung eines erwachsenen, zurechnungsfähigen Menschen durch die Beschaffung tödlicher Medikamente.

M 6a   **Film: Fallbeispiel »Erica«**

1. Beschreibe kurz, welche Gefühle der Film bei dir auslöst.
   Stelle besonders beeindruckende oder bewegende Szenen kurz vor.

   _____

   _____

   _____

   _____

   _____

   _____

   _____

   _____

2. Schreibe eine Inhalts- und Ereignisangabe des Films.

   _____

   _____

   _____

   _____

   _____

3. Schreibe auf, welche Fragen du hast, nachdem du den Film gesehen hast.

   _____

   _____

   _____

   _____

   _____

   _____

Film: Assistierter Suizid. Ein Recht auf Leben – ein Recht auf Sterben (5 Minuten)
https://www.youtube.com/watch?v=CnfVNT0b8eI

M 6b **Film: Fallbeispiel »Erica« (mögliche Lösung)**

1. **Beschreibe kurz, welche Gefühle der Film bei dir auslöst.**
   Stelle besonders beeindruckende oder bewegende Szenen kurz vor.
   - Lockerheit, Fröhlichkeit der Frau
   - Die Frau lässt sich filmen bei ihrem eigenen Sterben
     - Warum?
     - Warum steht das online?
   - Bewusste Entscheidung (zwei Mal Nachfrage, ob sie wirklich sterben will/ Hinweis, wenn sie die Droge nimmt, wird sie sterben)
   - Absolute Überzeugung der Frau (nicht nippen, sondern ganz trinken)
   - Geht schnell (zwischen trinken und Tod liegen 2 Minuten)
   - Planung: Kleidung, Blume im Revers → Vorbereitung auf den Tod
   - ›schon lange registriert‹ → hat sich offenbar schon früh damit auseinandergesetzt und an entsprechende Organisation gewandt
   - Familienangehöriger/vertraute Person dabei
   - In Würde sterben wollen (Kamera aus, wenn sie anfängt zu ›seibern‹)
   - Wie ein Tier beim Tierarzt
   - Frau, die das Gift reicht
     - Gelassen, tröstend, begleitend, weiß genau, was sie tut
     - Ganz fixiert auf die Sterbende
   - Frage, ob das wirklich schmerzfrei ist

2. **Schreibe eine Inhalts- und Ereignisangabe des Films.**
   - Dritte Person reicht tödliches Medikament
   - Frau will sterben
   - Nachfrage nach dem Namen → ist Frau klar im Kopf
   - Frau nimmt Medikament selbst → Selbsttötung

3. **Schreibe auf, welche Fragen du hast, nachdem du den Film gesehen hast.**
   - Woran stirbt die Frau eigentlich?
     - Schmerzen?
   - Wo findet das statt?
   - Frage nach Legalität
   - Was nimmt die Frau?
   - Warum lässt sie sich filmen?
   - Was hat die Frau?/ Warum begeht sie assistierten Suizid?
   - Alter der Frau? → wirkt doch eigentlich noch fit
   - Was ist mit den anderen anwesenden Personen? Was macht die Situation mit ihnen?

M 7 Regelungen zur Sterbehilfe in Europa

Die Tabelle (Stand: November 2015) gibt eine Übersicht über die Regelungen zur Sterbehilfe in den einzelnen europäischen Staaten. Bis auf die Niederlande, Belgien und Luxemburg haben alle Staaten die aktive Sterbehilfe unter Strafe gestellt. Auch die Beihilfe zum Suizid, welche in Deutschland straffrei ist, ist in vielen europäischen Ländern nicht legal.

Land	Aktive Sterbehilfe (Tötung auf Verlangen)	Beihilfe zur Selbsttötung (assistierter Suizid)	Indirekte Sterbehilfe (Lebensverkürzung durch palliative Therapie)	Passive Sterbehilfe (sterben lassen)
Belgien	legal (seit 2002)	legal	legal	legal
Dänemark	verboten	verboten	keine näheren Angaben	legal
Deutschland	verboten (bis zu 5 Jahren Haft)	nur legal, wenn der Helfer nicht geschäftsmäßig tätig ist (sonst bis zu 3 Jahren Haft), bei Ärzten weitere Einschränkungen durch das Standesrecht	legal, wenn Willensäußerung des Patienten oder gültige Patientenverfügung vorliegt	legal, wenn Willensäußerung des Patienten oder gültige Patientenverfügung vorliegt
Finnland	verboten	keine näheren Angaben	legal	legal
Frankreich	verboten (gleichgesetzt mit fahrlässiger Tötung, bis zu 5 Jahre Haft)	verboten	legal, wenn Willensäußerung des Patienten oder gültige Patientenverfügung vorliegt	legal, wenn Willensäußerung des Patienten oder gültige Patientenverfügung vorliegt
Griechenland	verboten (gleichgesetzt mit Mord)	verboten	legal, wenn Willensäußerung des Patienten oder gültige Patientenverfügung vorliegt	keine näheren Angaben
Großbritannien	verboten (gleichgesetzt mit Mord)	verboten	legal	keine näheren Angaben
Italien	verboten	keine näheren Angaben	rechtlich unklar	keine näheren Angaben
Irland	verboten (bis zu 14 Jahren Haft)	verboten (bis zu 14 Jahren Haft)	legal, wenn Schmerzlinderung das primäre Ziel	legal, wenn Willensäußerung des Patienten oder gültige Patientenverfügung vorliegt
Luxemburg	legal (seit 2009)	legal	legal	legal
Niederlande	legal (seit 2002)	legal	legal, gilt als natürlicher Tod	legal, gilt als natürlicher Tod
Norwegen	verboten	verboten	legal, wenn Willensäußerung des Patienten oder gültige Patientenverfügung vorliegt	rechtlich unklar
Österreich	verboten (bis zu 5 Jahren Haft)	verboten (bis zu 5 Jahren Haft)	legal	legal, wenn Willensäußerung des Patienten oder gültige Patientenverfügung vorliegt
Polen	verboten	verboten	verboten	verboten
Portugal	verboten (bis zu 3 Jahren Haft)	verboten (bis zu 3 Jahren Haft)	keine näheren Angaben	keine näheren Angaben
Schweden	verboten	legal, wenn Helfer eine Privatperson	legal, wenn Willensäußerung des Patienten oder gültige Patientenverfügung vorliegt	legal
Schweiz	verboten	legal, soweit keine selbstsüchtigen Beweggründe vorliegen	legal	legal
Slowenien	verboten (mindest. 5 Jahre Haft)	verboten (6 Monate bis zu 5 Jahren Haft)	keine näheren Angaben	legal, wenn Willensäußerung des Patienten oder gültige Patientenverfügung vorliegt
Spanien	verboten	verboten	legal, wenn medizinisch korrekt durchgeführt	rechtlich unklar
Ungarn	verboten	verboten	legal, wenn Willensäußerung des Patienten oder gültige Patientenverfügung vorliegt	rechtlich unklar

Stefan Grieser-Schmitz / www.cdl-rlp.de

9 Weitere Materialien und Unterrichtsvorschläge zur Bearbeitung und Erschließung im Unterricht

Die vorliegenden Materialien werden in den z.T. engen zeitlichen Rahmenbedingungen des BBS-Systems sicherlich nicht alle bearbeitet werden können. Auch im beruflichen Gymnasium steht nicht allzu viel Zeit zur Verfügung.

Bei dem emotional stark besetzten Thema Sterbehilfe ist es wichtig die Klasse/den Kurs gut zu kennen. Bei neuen Gruppen sollte man die Beispiele sorgsam auswählen und auf entsprechende Reaktionen achten.

M 1: Was ist Sterbehilfe?

Die Materialien (**a–e**) sind als arbeitsteilige Gruppenarbeit konzipiert. Dieser Modus kann natürlich durch entsprechende Veränderung der Blätter in arbeitsgleiche Form verändert werden.

Es wäre auch denkbar in leistungsstarken Klassen die allgemeine Definition zu entfernen und nach Bearbeitung der verschiedenen Arten eine allgemeine Definition, die alle Arten beinhaltet, von der Gruppe erstellen zu lassen.

Als **Alternative zur Textarbeit** oder als Einstieg in die Problematik eignet sich der kurze **Filmbeitrag »Von der Freiheit zu sterben – Sterbehilfe oder Pflicht zu leben«**. Es ist die Folge 25 der Reihe »Let's Denk«, die auf Youtube aufgerufen und abgespielt werden kann. Der Filmbeitrag (9:55 Min.) kann nach einer intensiven Textarbeitsphase indiziert sein, wenn die Bereitschaft, sich auf Arbeitsblätter einzulassen, gegen Null tendiert. Die Art der Darstellung und die Sprechweise sind sicher nicht jedermanns Sache, dennoch wird das Problem Sterbehilfe differenziert dargestellt. Sowohl die verschiedenen Arten der Sterbehilfe als auch die juristische Situation werden angesprochen. Ebenso grundsätzliche ethische Fragen, wie das Recht zu sterben oder die Pflicht zu leben.

Da die Wahrnehmung der Informationsmenge sicher nicht ganz einfach ist, sollten vorab Beobachtungsaufgaben formuliert werden wie z.B.:
1. Welche Arten der Sterbehilfe werden genannt?
2. Welche Art der Sterbehilfe ist bei uns erlaubt?
3. Gibt es Aussagen über die Häufigkeit der Anwendung?
4. Welche Probleme werden genannt?
5. Welche grundsätzlichen ethischen Probleme werden genannt?
6. Was ist die Botschaft des Clips? Formuliere diese in einem Satz.

Sicher ist es notwendig, den Beitrag nochmals anzusehen, um Lücken bei den Beobachtungsaufgaben zu schließen oder Ungereimtheiten, die sich in der Diskussion gezeigt haben, zu klären. Dabei muss evtl. die Pausetaste eingesetzt werden, um gerade bei schwächeren Klassen/Kursen die Informationsmenge zu verdauen.

Da der Clip keinen narrativen Charakter hat – es wird zwar gesprochen, aber keine Geschichte erzählt – dürfte sich das Interesse der Schüler, sich erneut auf den Beitrag einzulassen, nur mäßig sein.

M 2–M 5: Mit welchen Werkzeugen kann ich die Fragen der Sterbehilfe bearbeiten?

Nachdem besprochen ist, was Sterbehilfe ist und welche Gefahren und Vorteile mit ihr verbunden sind, ist es angezeigt, vertiefend nach Regeln und Normen zu suchen, die helfen können, bei diesem brisanten Thema Orientierung und Entscheidungssicherheit zu finden. Es geht nun im engeren Sinne um die ethische Diskussion. Dabei werden sowohl **christliche** als auch **philosophische Perspektiven** dargestellt.

Wie so oft wird sich auch hier die Komplexität und Ambivalenz der ethischen Entscheidungsfindung zeigen. Vertreter der gleichen ethischen Grundhaltung können zu verschiedenen Ergebnissen kommen. Ebenso können Vertreter von unterschiedlichen ethischen Positionen im Ergebnis übereinstimmen.

Bei der **Frage nach Regeln und Normen (M 2–M 5)** ist es sinnvoll, neben der christlichen Reflexion weitere ein bis zwei Denkansätze zu verfolgen.

Es würde sicherlich eine inhaltliche Überfrachtung darstellen, wollte man neben den christlichen Position(en) auch noch alle dargestellten ethisch-philosophischen Standpunkte ausführlich reflektieren. Da Sterbehilfe je vierfach (aktiv/passiv/indirekt/assistierter Suizid) bedacht werden muss, würde nicht nur der zeitliche Rahmen, sondern auch der Bogen der Motivation überspannt werden.

Denkbar wäre auch, Rollenkarten zu erstellen, die man aus den Pro-/Contraergebnissen ableiten kann, um damit eine moderierte Diskussion mit konträren Standpunkten durchzuführen.

M 4: Der Utilitarismus

Einstieg mit einem kurzen **Filmbeitrag »Der Utilitarismus nach Bentham & Mill einfach erklärt«** (6:54 Min.). Es ist die Folge 5 der Reihe »Let's Denk«, die auf Youtube aufgerufen und abgespielt werden kann.

Der Utilitarismus nach Jeremy Bentham und John Stuart Mill ist neben Kants Kategorischem Imperativ eine der bedeutendsten Strömungen der Moralphilosophie unserer Zeit. Wie man das hedonistische Kalkül durchführt, was der naturalistische Fehlschluss ist, die Unterscheidung zwischen teleologisch und deontologischer Ethik, sowie Vor- und Nachteile des Utilitarismus wird in diesem Video dargestellt.

Man kann dieses Video benutzen, um in Klassen/Kursen mit höherem Bildungsniveau einen Einstieg zum Thema zu finden. Die Anforderungen an die Aufmerksamkeit, Sprachkompetenz und nicht zuletzt die Disziplin sind nicht unerheblich. Die Darstellung erfolgt im Modus einer Powerpointpräsentation mit Sprache unterlegt. Die Kürze der Darstellung und der Powerpointmodus stellen sicherlich ein Problem dar, das auch durch die positive Haltung der Schüler zum Medium Film nur partiell relativiert wird. In schwächeren Klassen sollte der Film daher nicht eingesetzt werden.

Wie bei allen Videos stellt sich auch hier das Problem der Sicherung. Beobachtungsaufträge und/oder eine vorab gegebene Beobachtungsliste, die in Stichworten auszufüllen ist, können helfen, dem Ziel näher zu kommen. Diese Liste sollte vor dem Ansehen des Films in Ruhe wahrgenommen werden können. Auch hier sollte man ein zweites Abspielen einplanen.

Vorschlag zur Erstellung der Beobachtungsliste:
➤ Wer hat den Utilitarismus erfunden?
➤ Was wollen Menschen erreichen?
➤ Wie nennt man das dem Utilitarismus zu Grunde liegende Prinzip?
➤ Welches Ziel verfolgt der Utilitarismus?
➤ Was ist der naturalistische Fehlschluss?
➤ Was ist die sogenannte Kosten-Nutzenrechnung?
➤ Was ist für den Utilitarismus unwichtig?
➤ Was sind die Vorteile?
➤ Kritikpunkte

Weitere mögliche Arbeitsaufträge:
➤ Fasse die Kerngedanken im Ansatz Martha C. Nussbaums mit eigenen Worten zusammen.
➤ Erarbeite – auch mithilfe des Internets – wesentliche Unterschiede zwischen einem utilitaristischen Ansatz und dem Martha C. Nussbaums.

M 6: Bilderfolge zum Thema »Sterbehilfe«

Die Bilderfolge eröffnet die Möglichkeit, auch in leistungsschwächeren Klassen das Thema zu bearbeiten. Inwiefern Fachwissen eingebracht werden kann, muss von Fall zu Fall entschieden werden. Natürlich eignet sich eine Bildergeschichte grundsätzlich auch als Einstieg für die meisten Klassen. Die Präsentation der mit Schülertexten versehenen Bildreihe und die nach Schülermeinung geordnete Reihenfolge der Bilder, kann wertvolle Hinweise über das vorhandene Grundwissen und vorhandene Vorurteile geben und damit die nötige Unterrichtsplanung optimieren helfen.

Bei diesem komplexen und emotional besetzten Thema wäre es unrealistisch, die *eine* Lösung anstreben zu wollen. Dies kann auch für unsere Schülerinnen und Schüler eine wichtige grundsätzliche Einsicht sein. Vielleicht ergibt sich als Diskussionsergebnis eine relativ strikte Regelung mit einer Öffnung für Einzelfallprüfungen.

M 7–10: Die Bundestagsdebatte 2015

Darf man todkranken Menschen beim Sterben helfen? Diese Frage debattierte der Bundestag im November 2015. Die Diskussion ging über vier Stunden, einige Abgeordnete waren bei diesem Thema emotional stark beteiligt.

Der Filmbeitrag »Bundestagsdebatte zur Regelung der Sterbebegleitung« ist geeignet, die Erarbeitung der verschiedenen Positionen vorzubereiten:
https://www.youtube.com/watch?v=l5jHSuH4TzA

Da bei diesem Thema kein Fraktionszwang bestand, lassen sich die verschiedenen Positionen keinen Parteien zuordnen. Die Zahl der Unterstützer reichte von 35 bis 210. Alle Abgeordneten unterstützen eine Ausweitung der Hospizeinrichtungen und die Palliativmedizin.

Die Schülerinnen und Schüler teilen sich in 4 Gruppen auf und bearbeiten je eine politische Position. Folgende **Aufgaben**stellungen sind denkbar:
1. Diskutiert in arbeitsteiligen Gruppen die einzelnen politischen Positionen.
2. Fasst eure Ergebnisse auf einem DIN A3-Plakat zusammen und benennt auch die Risiken der jeweiligen Position.
3. Präsentiert eure Ergebnisse und hängt die Plakate auf.
4. Positioniert euch abschließend vor dem Plakat, das eurer Meinung am nächsten kommt und begründet eure Entscheidung.

M 11: Entscheidung des Bundesverwaltungsgerichts bei extremen Ausnahmefällen

Das Bundesverwaltungsgericht hat am 2. März 2017 entschieden, dass ein Zugang zu einem Betäubungsmittel, welches eine schmerzlose Selbsttötung ermöglicht, in extremen Ausnahmesituationen nicht verwehrt werden darf.

Hilfreich bei der Bearbeitung des Materials können auch Zeitungsartikel sein, die aufgrund des Entscheids erschienen sind, z.B.:
- »Bundesverwaltungsgericht: Sterbehilfe ausnahmsweise zulässig« – www.swr.de
- »Sterbehilfe: Sterbehilfe kann im Extremfall möglich sein« – www.zeit.de

---

Entscheidung des Bundesverwaltungsgerichts zum Betäubungsmittelgesetz (verkündet am 2. März 2017).

Rechtsquellen:
BtMG § 3 Abs. 1, § 4 Abs. 1 Nr. 3 Buchst. a, § 5 Abs. 1 Nr. 6, § 13 Abs. 1
GG Art. 1 Abs. 1, Art. 2 Abs. 1 und 2
EMRK Art. 8

Erlaubnis zum Erwerb einer tödlichen Dosis Natrium-Pentobarbital zur Selbsttötung

Leitsätze:

1. Der Erwerb eines Betäubungsmittels zum Zweck der Selbsttötung ist grundsätzlich nicht erlaubnisfähig.

2. Das allgemeine Persönlichkeitsrecht aus Art. 2 Abs. 1 i.V.m. Art. 1 Abs. 1 GG umfasst auch das Recht eines schwer und unheilbar kranken Menschen, zu entscheiden, wie und zu welchem Zeitpunkt sein Leben enden soll, vorausgesetzt, er kann seinen Willen frei bilden und entsprechend handeln.

3. Im Hinblick auf dieses Grundrecht ist § 5 Abs. 1 Nr. 6 BtMG dahin auszulegen, dass der Erwerb eines Betäubungsmittels für eine Selbsttötung mit dem Zweck des Gesetzes ausnahmsweise vereinbar ist, wenn sich der suizidwillige Erwerber wegen einer schweren und unheilbaren Erkrankung in einer extremen Notlage befindet.

4. Eine extreme Notlage ist gegeben, wenn – erstens – die schwere und unheilbare Erkrankung mit gravierenden körperlichen Leiden, insbesondere starken Schmerzen verbunden ist, die bei dem Betroffenen zu einem unerträglichen Leidensdruck führen und nicht ausreichend gelindert werden können, – zweitens – der Betroffene entscheidungsfähig ist und sich frei und ernsthaft entschieden hat, sein Leben beenden zu wollen und ihm – drittens – eine andere zumutbare Möglichkeit zur Verwirklichung des Sterbewunsches nicht zur Verfügung steht.

Urteil des 3. Senats vom 2. März 2017 – BVerwG 3 C 19.15
I. VG Köln vom 13. Mai 2014
Az: VG 7 K 254/13
II. OVG Münster vom 19. August 2015
Az: OVG 13 A 1299/14

M 1a — Was ist Sterbehilfe?

Allgemeine Definition:
»Sterbehilfe bedeutet im heutigen Sprachgebrauch, den Tod eines Menschen durch fachkundige Behandlungen herbeizuführen oder zu erleichtern oder nicht aufzuhalten.« (Schwendemann 2011, S. 51).

Aktive Sterbehilfe

Definition:
Von aktiver Sterbehilfe ist die Rede, wenn das »Leben eines Patienten (...) durch einen aktiven, nicht einer Behandlung dienenden Eingriff, (...) gezielt verkürzt [wird], um weiteres Leiden zu ersparen.« (Marquard, Ethik in der Medizin – Eine Einführung in die evangelische Sozialethik, 2007, S. 186). Ein anderer Begriff für aktive Sterbehilfe ist der der Tötung auf Verlangen (vgl. Platow 2010, S. 34). Diese Bezeichnung deutet auf die rechtlich relevanten Merkmale der aktiven Sterbehilfe hin, welche sind: Ein Sterbewilliger äußert seine Absicht ernstlich und ausdrücklich und bestimmt eine andere Person zur Ausführung der aktiven Sterbehilfe. Darüber hinaus muss die betreffende Person in Eigeninitiative mit ihrem Wunsch an einen Arzt herantreten und diesen über einen längeren Zeitraum hinweg äußern.

Bei der Durchführung aktiver Sterbehilfe wird dem Sterbewilligen in der Regel intravenös eine hoch dosierte Medikamentenmischung zugeführt, die kreislauf- und atemdepressiv wirkt. Nach kurzer Zeit kommt es zu einer tiefen Bewusstlosigkeit und schließlich zum Herzstillstand. Gleichzeitig sorgt ein Muskelrelaxans dafür, dass ein Atemstillstand eintritt. Durch die Herbeiführung der Bewusstlosigkeit spürt der Sterbewillige im Sterben von beidem nichts (vgl. Frieß 2010, S. 22).

Rechtliche Situation:
Die rechtliche Situation ist eindeutig. Die Durchführung ist ebenso wie der Versuch strafbar. Da der Tod durch den Patienten ausdrücklich gewünscht ist, wirkt dies strafmildernd. Der Zustand des Patienten wird dabei nicht berücksichtigt.

Aufgaben:

1. Erläutere in eigenen Worten die aktive Sterbehilfe (Präsentation).

2. Darf ein Mensch über seinen Körper selbst bestimmen (Kriterien)?

3. In welchen anderen Fällen ist das Selbstbestimmungsrecht des Menschen berührt? Vergleiche diese mit der aktiven Sterbehilfe.

4. Reflektiere die Situation des Arztes (Hippokratischer Eid, Genfer Deklaration): **M 1e**

5. Welche Gefahren/Vorteile beinhaltet eine liberale Regelung?

Linktipp:
Aktive Sterbehilfe – Zwischen Selbstbestimmung und Selbstverständnis (SO und So gesehen, 02.06.2014, 5:59 Min.) https://www.youtube.com/watch?v=iPGjNmkE7nw

M 1b — Was ist Sterbehilfe?

Allgemeine Definition:
»Sterbehilfe bedeutet im heutigen Sprachgebrauch, den Tod eines Menschen durch fachkundige Behandlungen herbeizuführen oder zu erleichtern oder nicht aufzuhalten.« (Schwendemann 2011, S. 51).

Passive Sterbehilfe

Definition:
Bei der passiven Sterbehilfe werden lebenserhaltende Maßnahmen nicht begonnen oder abgebrochen, z.B. die künstliche Beatmung. Auch die Nichtverabreichung von Antibiotika gehört zu dieser Form der Sterbehilfe. Infektionen können so schneller zum Tod eines Patienten führen.
Das aktive Abschalten von Geräten scheint dem Begriff der passiven Sterbehilfe zu widersprechen, jedoch geht es letztlich um das Verhalten zur Grunderkrankung. Dem Sterbeprozess wird sein natürlicher Lauf gelassen. Dieser passiven Haltung geht jedoch eine sehr aktive Auseinandersetzung des Behandelnden mit der Frage, ob es angezeigt ist, die Therapie zu beenden oder eine Therapie gar nicht erst zu beginnen, voraus.

Rechtliche Situation:
Grundsätzlich ist das Sterbenlassen von Patienten durch Unterlassen von Hilfeleistungen in Deutschland strafbar. Unter bestimmten Voraussetzungen ist die passive Sterbehilfe jedoch erlaubt oder sogar geboten. Wenn der Patient die Hilfen, wie künstliche Ernährung, ablehnt oder der Tod unmittelbar bevorsteht, ist die passive Sterbehilfe erlaubt. Wird der Patient gegen seinen Willen behandelt, handelt es sich um einen rechtswidrigen Eingriff in das Selbstbestimmungsrecht des Patienten (vgl. Frieß 2010, S. 34ff).
In der ärztlichen Praxis stoßen sehr häufig die unterschiedlichen Meinungen aufeinander. Ist die eingetretene Verschlechterung eine sekundäre Erkrankung, die man behandeln sollte, oder ist sie Teil der Grunderkrankung und damit unter Umständen Anlass, die Geräte abzuschalten? Diese Diskussionen sind für alle Beteiligten sehr belastend. Auch die Feststellung des Patientenwillens ist oft nicht leicht möglich. Evtl. ist die schriftliche Absichtserklärung nicht eindeutig oder schon mehrere Jahre alt oder Angehörige machen widersprüchliche Angaben zum Patientenwillen. Wenn zwischen Arzt und Betreuer/Angehörigen keine Einigung erzielt werden kann, muss eine gerichtliche Klärung erwirkt werden.

Aufgaben:

1. Erläutere in eigenen Worten die passive Sterbehilfe (Präsentation).

2. Darf ein Mensch über seinen Körper selbst bestimmen (Kriterien)?

3. In welchen anderen Fällen ist das Selbstbestimmungsrecht des Menschen berührt?
   Vergleiche diese mit der passiven Sterbehilfe.

4. Reflektiere die Situation des Arztes (Hippokratischer Eid, Genfer Deklaration **M 1e**) und der Angehörigen.

5. Welche Gefahren/Vorteile beinhaltet die bestehende Regelung?

M 1c — Was ist Sterbehilfe?

Allgemeine Definition:
»Sterbehilfe bedeutet im heutigen Sprachgebrauch, den Tod eines Menschen durch fachkundige Behandlungen herbeizuführen oder zu erleichtern oder nicht aufzuhalten.« (Schwendemann 2011, S. 51).

Indirekte Sterbehilfe

Definition:
Die indirekte Sterbehilfe bildet gemeinsam mit der passiven Sterbehilfe die am häufigsten praktizierte Form in Deutschland. Sie ist weitgehend akzeptiert.
In der letzten Phase einer tödlich verlaufenden Erkrankung kann es neben großen Schmerzen zu Angst- und Unruhezuständen bei den betroffenen Patienten kommen, die das Sterben belasten. Ihnen kann mit schmerzlindernden und sedierenden Medikamenten begegnet werden. Entscheidend ist dabei – vor allem auch im Hinblick auf die Unterscheidung zur aktiven Sterbehilfe – dass die Beschleunigung des Todeseintrittes eine ungewollte Nebenwirkung der Medikamentengabe darstellt. Auch wenn der Patient nicht ausschließlich an den Folgen der Grunderkrankung stirbt, sondern die medikamentöse Behandlung im Sinne eines ›double effect‹ dazu beiträgt, liegt die Intention nicht darin, den Tod des Menschen schneller herbeizuführen, sondern sein Leiden bis zum unvermeidlichen Todeseintritt zu lindern (vgl. Frieß 2010, S. 19f).

Rechtliche Situation:
»Wünscht der Patient ein möglichst schmerzfreies Sterben, so ist dieser Wunsch höher zu bewerten als eine Verlängerung der Lebenszeit bei schweren Schmerzen. Die subjektive Lebensqualität des Patienten im Hinblick auf seine Rest-Lebenszeit ist einer objektiven Lebensdauer übergeordnet.« (Marquard 2007, S. 187).
Die Verweigerung einer adäquaten Schmerztherapie kann strafrechtlich als unterlassene Hilfeleistung oder Körperverletzung geahndet werden (vgl. Schwendemann 2011, S. 52).
Die Höhe der Dosierung stellt ein Problem dar, da dadurch die Grenze zur aktiven Sterbehilfe berührt wird. Die Überschreitung dieser Grenze ist im konkreten Fall vielfach jedoch schwer auszuschließen oder nachzuweisen (vgl. Frieß 2010, S. 37).

Aufgaben:

1. Erläutere in eigenen Worten die indirekte Sterbehilfe (Präsentation).

2. Darf ein Mensch über seinen Körper selbst bestimmen (Kriterien)?

3. In welchen anderen Fällen ist das Selbstbestimmungsrecht des Menschen berührt?
   Vergleiche diese mit der indirekten Sterbehilfe.

4. Reflektiere die Situation des Arztes (Hippokratischer Eid, Genfer Deklaration **M 1e**) und der Angehörigen.

5. Welche Gefahren/Vorteile beinhaltet die bestehende Regelung?

M 1d — Was ist Sterbehilfe?

Allgemeine Definition:
»Sterbehilfe bedeutet im heutigen Sprachgebrauch, den Tod eines Menschen durch fachkundige Behandlungen herbeizuführen oder zu erleichtern oder nicht aufzuhalten.« (Schwendemann 2011, S. 51).

Medizinisch-assistierter Suizid

Definition:
Der Begriff des assistierten Suizids oder auch der Beihilfe zur Selbsttötung bzw. Freitodbegleitung bezeichnet die »Mitwirkung bei der Selbsttötung eines erwachsenen, zurechnungsfähigen Menschen, vor allem durch die Verschaffung tödlich wirkender Medikamente, die Nichtverhinderung des suizidalen Aktes, aber auch das Unterlassen einer Behandlung des Suizidenten.« (Marquard 2007, S. 186).
Gemeint ist also die Übergabe einer tödlichen Medikamentenmischung bzw. eines tödlichen Giftes an den Sterbewilligen. Entscheidend ist in der Unterscheidung zur aktiven Sterbehilfe, dass der Patient das den Tod herbeiführende Mittel selbst zu sich nimmt und nicht von einer anderen Person verabreicht bekommt (vgl. Platow 2010, S. 43). Die über Tod oder Leben entscheidende letzte Handlung führt hier also der Sterbewillige selbst aus. Dieser hat bis zum Schluss die uneingeschränkte Entscheidungsmacht, ob er den letzten Schritt gehen möchte oder nicht, während er diese bei der aktiven Sterbehilfe aus der Hand gibt (vgl. Frieß 2010, S. 22f).

Rechtliche Situation:
Medizinisch-assistierter Suizid bleibt in Deutschland straflos. Es bestehen jedoch Strafbarkeitsrisiken (vgl. Marquard 2007, S. 187). Da Suizid in Deutschland keinen Straftatbestand darstellt, ist folgerichtig auch die Beihilfe zum Suizid keiner (vgl. Frieß 2010, S. 43). Straffrei ist die Teilnahme an einem Suizid aber nur dann, wenn »der Lebensmüde allein die Tatherrschaft über das ganze Geschehen hat, das letztlich zum Tode führt. Sobald die entscheidende Tatherrschaft beim Helfer liegt, macht sich dieser strafbar.« (Frieß 2010, S. 43).
Trotz strafrechtlicher Unbedenklichkeit gibt es in Deutschland keine den europäischen Nachbarländern vergleichbare Praxis des medizinisch-assistierten Suizids (vgl. Frieß 2010, S. 43). Das liegt vor allem an den Strafbarkeitsrisiken für den behandelnden Arzt, denn dieser bleibt dem Patienten gegenüber hilfspflichtig, auch wenn dieser aus freien Stücken Hand an sich gelegt hat (vgl. Marquard 2007, S. 187; Marquard 2014, S. 54ff).

Aufgaben:

1. Erläutere in eigenen Worten den medizinisch-assistierten Suizid (Präsentation).

2. Darf ein Mensch über seinen Körper selbst bestimmen (Kriterien)?

3. In welchen anderen Fällen ist das Selbstbestimmungsrecht des Menschen berührt? Vergleiche diese mit der indirekten Sterbehilfe.

4. Reflektiere die Situation des Arztes (Hippokratischer Eid, Genfer Deklaration): **M 1e**

5. Welche Gefahren/Vorteile beinhaltet die bestehende Regelung?

M 1e — Hippokratischer Eid / Genfer Ärztegelöbnis

Der hippokratische Eid

Ich schwöre bei Appollon dem Arzt und Asklepios und Hygieia und Panakeia und allen Göttern und Göttinnen, indem ich sie zu Zeugen rufe, dass ich nach meinem Vermögen und Urteil diesen Eid und diese Vereinbarung erfüllen werde:

Den, der mich diese Kunst gelehrt hat, gleichzuachten meinen Eltern und ihm an dem Lebensunterhalt Gemeinschaft zu geben und ihn Anteil nehmen zu lassen an dem Lebensnotwendigen, wenn er dessen bedarf, und das Geschlecht, das von ihm stammt, meinen männlichen Geschwistern gleichzustellen und sie diese Kunst zu lehren, wenn es ihr Wunsch ist, sie zu erlernen ohne Entgelt und Vereinbarung und an Rat und Vortrag und jeder sonstigen Belehrung teilnehmen zu lassen meine und meines Lehrers Söhne sowie diejenigen Schüler, die durch Vereinbarung gebunden und vereidigt sind nach ärztlichem Brauch, jedoch keinen anderen.

Die Verordnungen werde ich treffen zum Nutzen der Kranken nach meinem Vermögen und Urteil, mich davon fernhalten, Verordnungen zu treffen zu verderblichem Schaden und Unrecht. Ich werde niemandem, auch auf eine Bitte nicht, ein tödlich wirkendes Gift geben und auch keinen Rat dazu erteilen; gleicherweise werde ich keiner Frau ein fruchtabtreibendes Zäpfchen geben: Heilig und fromm werde ich mein Leben bewahren und meine Kunst.

Ich werde niemals Kranke schneiden, die an Blasenstein leiden, sondern dies den Männern überlassen, die dies Gewerbe versehen.

In welches Haus immer ich eintrete, eintreten werde ich zum Nutzen des Kranken, frei von jedem willkürlichen Unrecht und jeder Schädigung und den Werken der Lust an den Leibern von Frauen und Männern, Freien und Sklaven.

Was immer ich sehe und höre, bei der Behandlung oder außerhalb der Behandlung, im Leben der Menschen, so werde ich von dem, was niemals nach draußen ausgeplaudert werden soll, schweigen, indem ich alles Derartige als solches betrachte, das nicht ausgesprochen werden darf.

Wenn ich nun diesen Eid erfülle und nicht breche, so möge mir im Leben und in der Kunst Erfolg beschieden sein, dazu Ruhm unter allen Menschen für alle Zeit; wenn ich ihn übertrete und meineidig werde, dessen Gegenteil.

https://www.aerztekammer-bw.de/10aerzte/40merkblaetter/20recht/10gesetze/hippoeid.pdf

Genfer Ärztegelöbnis

WELTÄRZTEBUND
DEKLARATION VON GENF

verabschiedet von der
2. Generalversammlung des Weltärztebundes
Genf, Schweiz, September 1948 und revidiert von der
22. Generalversammlung des Weltärztebundes
Sydney, Australien, August 1968 und revidiert von der
35. Generalversammlung des Weltärztebundes
in Venedig, Italien, Oktober 1983 und revidiert von der
46. Generalversammlung des Weltärztebundes
Stockholm, Schweden, September 1994
und sprachlich überarbeitet auf der 170. Vorstandssitzung, Divonne-les-Bains, Frankreich,
Mai 2005 und auf der 173. Vorstandssitzung, Divonne-les-Bains, Frankreich, Mai 2006

GELÖBNIS:

Bei meiner Aufnahme in den ärztlichen Beruf gelobe ich feierlich:
Ich werde mein Leben
in den Dienst der Menschlichkeit stellen.
Ich werde meinen Lehrerinnen und Lehrern die ihnen gebührende Achtung und Dankbarkeit erweisen.
Ich werde meinen Beruf nach bestem Gewissen und mit Würde ausüben.
Die Gesundheit meiner Patientin oder meines Patienten wird mein oberstes Anliegen sein.
Ich werde die mir anvertrauten Geheimnisse auch über den Tod der Patientin oder des
Patienten hinaus wahren.
Ich werde mit allen in meiner Macht stehenden Mitteln die Ehre und die edlen Traditionen
des ärztlichen Berufes aufrechterhalten.
Meine Kolleginnen und Kollegen werden meine Schwestern und Brüder sein.
Ich werde mich bei der Erfüllung meiner ärztlichen Pflichten meiner Patientin oder meinem Patienten
gegenüber nicht durch Alter, Krankheit oder Behinderung, Glaube, ethnische Herkunft, Geschlecht,
Staatsangehörigkeit, politische Zugehörigkeit, Rasse, sexuelle Orientierung, soziale Stellung oder
durch andere Faktoren beeinflussen lassen.
Ich werde den höchsten Respekt vor menschlichem Leben wahren.
Ich werde, selbst unter Bedrohung, meine medizinischen Kenntnisse nicht zur Verletzung von
Menschenrechten und bürgerlichen Freiheiten anwenden.
Ich gelobe dies feierlich, aus freien Stücken und bei meiner Ehre.

Copyright: Word Medical Association. All Rights Reserved.

M 2 Christliche Positionen

Christliche Position 1

»Unser Leben ist ein Geschenk unseres Schöpfers. Wir Menschen dürfen es nicht eigenmächtig beenden.«

Die Botschaft der Schöpfungserzählungen ist eindeutig. Gott hat uns das Leben gegeben. Es ist kein Zufall, dass es uns gibt. Unser Dasein ist durch Gottes Willen sinnerfüllt, daher haben wir kein Recht, unser Leben eigenmächtig zu beenden. Die menschliche Erfahrung der Nähe Gottes in existentiellen Grenzsituationen siegelte sich im Psalm 23,4: »*Und ob ich schon wanderte im finstern Tal, fürchte ich kein Unglück; denn du bist bei mir, dein Stecken und Stab trösten mich.*«
Auch im Leid und Schmerz können wir Gottes Nähe erfahren und uns getragen wissen.

Zeichnung: Prof. Dr. Reinhard Lohmiller

Es besteht zwar bei vielen Menschen der Wunsch, Sterbehilfe zu ermöglichen, fragt man nach den Gründen, zeigt sich folgendes Bild. Viele haben Angst vor einem langen Sterbeprozess. Auch die Angst, Schmerzen ertragen zu müssen und Atemnot zu erleiden, werden häufig genannt. Wie nicht anders zu erwarten sinkt die Angst vor dem eigenen Sterben umso mehr, je älter die Menschen werden. Die Angst vor einem langen Sterbeprozess ist die Angst, die auch im Alter am stärksten wirkt.

»Auch in Bezug auf das Sterben Angehöriger stehen die Angst vor einem langen Sterbeprozess und vor starken Schmerzen oder schwerer Atemnot an vorderster Stelle. Bei dieser Perspektive auf das Sterben zeigt sich vor allem ein geschlechtsspezifischer Unterschied: Unter Frauen sind die Ängste weitaus stärker verbreitet als unter Männern.« (Ergebnisse einer Umfrage der EKD, 2015)

Häufig wird auch die Befürchtung genannt, der eigenen Familie zur Last zu fallen. Sowohl Gegner als auch Befürworter der Sterbehilfe rechnen mit einer verstärkten Nachfrage nach todbringenden Medikamenten.

»Der EKD-Ratsvorsitzende Heinrich Bedford-Strohm warb angesichts der Ergebnisse der Studie dafür, über die Möglichkeiten aufzuklären, ein Sterben in Würde zu gestalten, ohne Leben vorzeitig zu beenden. ›Wer auf neue gesetzliche Optionen zur aktiven Beendigung des Lebens setzt, schwächt unsere vom Schutz des Lebens geprägte Sozialkultur. Das Engagement der christlichen Kirchen für die Hospiz- und Palliativversorgung in Deutschland dokumentiert eindrücklich, dass es bessere Alternativen gibt.‹« (Pressemitteilung der EKD vom 12.05.2015)

Leider bestehen bei weitem nicht überall Möglichkeiten einer gezielten Schmerztherapie. Nur in 15 % der Krankenhäuser kann man diese Möglichkeit anbieten. Auch die relativ geringe Zahl von bundesweit nur 210 stationären Hospizen zeigt, dass noch reichlich Verbesserungsmöglichkeiten bei der Betreuung von sterbenden Menschen bestehen. Daher wird von vielen eine Verbesserung der palliativen Möglichkeiten gefordert.

In der Beispielerzählung vom barmherzigen Samariter wird die von uns geforderte Haltung sichtbar. In der biblischen Erzählung handelt sich nicht um einen schwerkranken Menschen, sondern um ein Überfallopfer. Entscheidend ist aber die Zuwendung zum Hilfebedürftigen.

Wir als Christen sind gefordert, unseren Mitmenschen beim Sterben beizustehen und nicht das Sterben zu beschleunigen. Mit dieser Aussage soll aber nicht automatisch eine Verurteilung von Menschen verbunden sein, die in extremen Situationen anders entscheiden.

Menschen, die keine gläubige Haltung haben, die die Zuwendung Gottes nicht erfahren haben, sollen nicht moralisch abwertend beurteilt werden. Wenn ich den Begriff Gott nur als leere Begriffshülse kenne, kann ich mein Leben auch nicht als Geschenk begreifen.

Außerdem bleibt zu bedenken, dass es Lebens- und Leidenssituationen gibt, die sich einer externen Beurteilung entziehen. »Auch wenn der unbedingt nötige Ausbau der Palliativmedizin vorangetrieben wird, können solche verzweifelten Lebenssituationen, in denen ein Mensch nur noch seinem Leben ein Ende machen möchte, nicht ausgeschlossen werden. Ein Urteil darüber steht niemandem zu.«

Wenn Menschen sterben wollen – Eine Orientierungshilfe zum Problem der ärztlichen Beihilfe zur Selbsttötung. (Auszug aus: www.ekd.de – Ein Beitrag des Rates der Evangelischen Kirche in Deutschland, EKD-Texte 97, 2008)

Christliche Position 2

»Gott will unser Bestes«

Obwohl wir oft nicht die Kraft haben, so zu leben wie Gott uns gedacht hat, hält Gott zu uns. Diese Hoffnung zeigt sich schon in der Hebräischen Bibel:

»Und der HERR roch den befriedigenden Geruch, und der HERR sprach zu seinem Herzen: Ich will fortan die Erde nicht mehr verfluchen um des Menschen willen, wiewohl das Dichten des menschlichen Herzens böse ist von seiner Jugend an; auch will ich fortan nicht mehr alles Lebendige schlagen, wie ich getan habe. Solange die Erde steht, soll nicht aufhören Saat und Ernte, Frost und Hitze, Sommer und Winter, Tag und Nacht!« (Gen 8,21f)

Gottes Fürsorge gipfelt in seiner Selbstopferung in Jesus Christus. Das bedeutet, Gott will unser Bestes. Er kann nicht wollen, dass wir unmenschliche Schmerzen leiden und wie Marionetten an Maschinen hängen. Daher ist in aussichtslosen, leidvollen Situationen Sterbehilfe zulässig.

Skulptur von Ulrich Henn »Der Barmherzige Samariter« vor der Erlöserkirche in Stuttgart, Wiki commons, Ikar.us

Aufgaben:

1. Welche der christlichen Positionen überzeugt dich spontan am ehesten?

2. Lies die biblischen Schöpfungserzählungen nach. Was versteht man unter ›Gottes Selbstopferung‹?

3. Bedenke: Sterbehilfe ist nicht gleich Sterbehilfe. – Diskutiert die Unterschiede!

4. Besprecht in der Gruppe beide Positionen und überprüft euer erstes Urteil.

M 3 — Der kategorische Imperativ von Immanuel Kant

Immanuel Kant war ein sehr bedeutender, vielleicht der bedeutendste, deutsche Philosoph. Er lebte im 18. Jahrhundert. Sein bekanntestes Werk ist die ›Kritik der reinen Vernunft‹. Er erlangte weltweite Beachtung und Rezeption. Bezüglich der ethischen Dimension unseres Verhaltens hat er den kategorischen Imperativ formuliert.

Der **kategorische Imperativ** lautet in seiner Grundform: **»Handle nur nach derjenigen Maxime, durch die du zugleich wollen kannst, dass sie ein allgemeines Gesetz werde.«**

Er ist der zentrale ethische Leitsatz von Kant, der für alle Menschen gelten soll. Wichtig dabei ist, das man Menschen nicht einfach benutzen darf (Verzweckung), um etwas zu erreichen, sondern immer im Blick haben muss, dass ein Mensch Selbstzweck ist. D.h., ich muss die Rechte und Interessen der Betroffenen beachten. Zu finden sind diese Gedanken in Kants Werk »Grundlegung zur Metaphysik der Sitten«.

Immanuel Kant, 1791. Wiki commons, Gottlieb Doebler

Dieser ethische Leitsatz zählt zu den sogenannten Pflichtenethiken. Er bietet keine konkreten Anweisungen, sondern lediglich eine Prüfmöglichkeit für das eigene Handeln. Das macht ihn zeitlos gültig. Der handelnde Mensch hat aber die Aufgabe, in einer konkreten Situation seine Handlungsabsicht an dieser Maxime zu prüfen.

Aufgaben:

1. Konstruiere einen konkreten Fall oder wähle einen solchen aus den Medien, in dem das Thema Sterbehilfe relevant ist. Wichtig ist die Situation, in der sich der Betroffene befindet, möglichst genau zu beschreiben.

2. Anwendung: Überprüfe, ob die Anwendung von Sterbehilfe in diesem Fall für alle ähnlich gelagerten Fälle gelten sollte. Bildet dazu arbeitsteilige Gruppen, die die vier Formen der Sterbehilfe (aktiv, passiv, indirekt, assistierter Suizid) auf Verallgemeinerung prüfen.
   Hilfreich kann es sein, jeweils eine Pro-/Contra-Liste zu erstellen.

M 4 — Der Utilitarismus

Der **Utilitarismus** (lat. *utilitas*, Nutzen, Vorteil) ist ein ethisches Modell, das eine Handlung danach bewertet, ob sie für alle Beteiligten das Wohlergehen so weit wie möglich vermehrt oder erhält:
»Diejenige Handlung bzw. Handlungsregel (Norm) ist im sittlichen bzw. moralischen Sinne gut bzw. richtig, deren Folgen für das Wohlergehen aller von der Handlung Betroffenen optimal sind.«
Der Begriff des Nutzens ist hier im Sinne von Wohlergehen, Vorteil, Freude, Gutes oder Glück zu verstehen.

Der Utilitarismus wurde von Jeremy Bentham (1748–1832) entwickelt. Er wurde vielfach weiterentwickelt und ist besonders im englischen Sprachraum weit verbreitet.
Da der Utilitarismus auf ein Ziel gerichtet ist, bezeichnet man ihn auch als teleologische Ethik (von griech. *telos*, Ziel). Wesentlich ist das Ergebnis einer Handlung. Unberücksichtigt bleiben die Motive der handelnden Personen.
Die maximale Menge Glück versucht man zu erreichen, indem man das sogenannte hedonistische Kalkül anwendet. Faktoren dieses Kalküls sind Dauer, Intensität und Wahrscheinlichkeit eines Glücks. Es ist einsichtig, dass dieser so einfach klingende Ansatz in der komplexen Lebenswelt nicht einfach umzusetzen ist. So ist Glück nicht unbedingt für alle gleich. Zudem treten oft unvorhersebare Dinge ein. Das Leben ist nun mal nicht vorhersehbar. Es ist eher eine Wanderung in einer unübersichtlichen Hügellandschaft, als ein Spaziergang an einem Sandstrand mit weitem Blick. Daher sind ethische Entscheidungen auch im utilitaristischen Modell immer mit der Möglichkeit des Scheiterns und der Schuld verknüpft.

Jeremy Bentham by Henry William Pickersgill (1782–1875). Wiki commons

Aufgaben:

1. Konstruiere einen konkreten Fall oder wähle einen solchen aus den Medien, in dem das Thema Sterbehilfe relevant ist. Wichtig ist die Situation, in der sich der Betroffene befindet, möglichst genau zu beschreiben.

2. Anwendung: Überprüfe, ob die Anwendung von Sterbehilfe in diesem Fall für alle Beteiligten den größtmöglichen Nutzen im Sinne Benthams zur Folge hat. Bildet dazu arbeitsteilige Gruppen, die die vier Formen der Sterbehilfe (aktiv, passiv, indirekt, assistierte Suizid) in dieser Hinsicht bewertet. Beachtet werden muss, dass im hedonistischen Kalkül auch Folgewirkungen beachtet werden sollen.
Hilfreich kann es sein, jeweils eine Pro-/Contra-Liste zu erstellen.

M 5 Die Fähigkeiten des Menschen im Blick behalten

Um ein Gegengewicht zu den utilitaristischen Ansätzen zu entwickeln, eignen sich die Gedanken von Martha C. Nussbaum (geb. 1947). Die amerikanische, Philosophin postuliert, dass auch eingeschränktes menschliches Leben lebenswert sei, solange anerkennende Interaktion stattfinden kann. Die dem Menschen innewohnende Würde verbietet schlichtes Nützlichkeitsdenken.

Beim Verständnis der menschlichen Würde hat sie nicht nur die rationale, sondern auch die emotionale und soziale Dimension im Blick. Eine Steigerung des Nutzens von Person A kann den Schaden von Person B nicht ausgleichen. Sie sieht es als anthropologische Konstante an, dass Menschen gut zusammenleben wollen.

Die renommierte Philosophin wurde unter anderem durch den sogenannten Fähigkeitenansatz (Capability Approach) bekannt. Diesen Ansatz, der ursprünglich von dem indischen Ökonomen Amartya Sen entwickelt wurde, half sie weiter zu verbessern.

Auf die Sterbehilfediskussion fokussiert würde das bedeuten: Es kann nicht darum gehen, lediglich Leid zu vermeiden oder den allgemeinen Nutzen zu vergrößern, sondern es gilt, den ganzen Menschen mit seiner Emotionalität zu beachten. Gerade die Fähigkeit zur Empathie ermöglicht auch beim Sterben gelingende Kommunikation und kann Aspekte der Beziehung entstehen lassen, die sonst im Alltag nicht möglich gewesen wären. Dies entspricht auch der Erfahrung von Sterbebegleitern in den Hospizen.

In der Stärkung von Hospizarbeit und Palliativmedizin liegt auch eine Möglichkeit, den humanistischen Ansatz von Sen und Nussbaum zu fördern.

Martha C. Nussbaum. © Foto: Sally Ryan, 2010. www.sallyryanphoto.com

Wesensmerkmal
Sterblichkeit: Alle Menschen wissen, dass sie sterben müssen und wollen dies vermeiden.
Verbundenheit mit anderen Menschen: Menschen leben auf andere bezogen, Notwendigkeit von Anerkennung, Empfinden von Mitleid.

Grundbefähigung
Leben: Sein Leben leben können und nicht vorzeitig sterben.
Sozialität: Fähigkeit zur sozialen Interaktion, Identifikation mit anderen, Anerkennung erfahren.

Es kann dabei nicht darum gehen, die oft belastenden Situationen in der Pflege von Sterbenden schön zu reden. Gerade bei der häuslichen Pflege treten oft Überlastungssituationen auf. Jedoch bietet der Capability Approach ein hilfreiches Korrektiv zum leicht missbrauchbaren Kosten-Nutzendenken, das sich in unserer ökonomisierten Welt immer mehr verbreitet.

Damit eine Gesellschaft bereit ist, beim Sterben Menschlichkeit und Würde höher einzustufen als zweckrationalen Pragmatismus, bedarf es sozialer Kompetenz und Bildung. Daher ermahnt uns Nussbaum, auch in der Bildungspolitik nicht nachzulassen und den erkennbaren Tendenzen zu Ausbildung statt Bildung zu widerstehen. Das Streichen von musischer und humanistischer Bildung ist ein Alarmzeichen, es kann mittelfristig zum Untergang der Demokratie führen.

Dabei sollte man nicht vergessen, dass Demokratie ein wesentlicher Garant für das Wohlfahrtspotential einer Gesellschaft ist.

Je mehr eine Gesellschaft in der Lage ist, gelingende Kommunikation und Menschlichkeit auch beim Sterben zu ermöglichen, desto humaner ist sie.

Aufgaben:

1. Beschreibe den Fähigkeitenansatz in eigenen Worten.

2. Welche Umsetzungsprobleme kannst du erkennen?

3. Benenne die positiven Aspekte von Martha C. Nussbaums Gedanken.

4. Formuliere eine begründete Stellungnahme.

5. Lass den Cartoon auf dich wirken und formuliere dann Sprechblasen für beide Personen im nachfolgenden Bild.

© Thomas Plaßmann

© Thomas Plaßmann

M 6

Zeichnung: Prof. Dr. Reinhard Lohmiller

Weitere Materialien und Unterrichtsvorschläge zur Bearbeitung und Erschließung im Unterricht

Zeichnung: Prof. Dr. Reinhard Lohmiller

M 7 — Die politische Perspektive: Bundestagsdebatte zur Sterbehilfe

Debatte im Bundestag »Das Sterben ist aus der Tabuzone geholt worden«

Der Bundestag entscheidet heute über die umstrittene Sterbehilfe. Die Abgeordneten debattieren sachlich und emotional zugleich – ein seltener Moment im Parlament.

Freitag, 06.11.2015. Es sitzen junge Leute auf der Zuschauertribüne des Bundestags, eine Schülergruppe, vielleicht sind auch ein paar Studenten darunter. Man sieht Menschen, die ihr halbes Leben hinter sich haben. Und es gibt eine Gruppe von Rentnern, die ins Reichstagsgebäude gekommen sind, viele mit weißem Haar, einige mit Gehstock.

Das Thema, das die Abgeordneten heute diskutieren, betrifft jeden Einzelnen von ihnen, und auch alle Menschen, die nicht auf der Tribüne sitzen. Der Bundestag debattiert die Umstände des Sterbens. Das Parlament entscheidet darüber, ob und wie die Sterbehilfe in Deutschland neu geregelt werden soll.

Vielleicht wird die Sterbehilfe generell verboten, vielleicht soll sie weitgehend straffrei werden, vielleicht bleibt alles beim Alten, in einer rechtlichen Grauzone. Selten war der Ausgang einer Abstimmung so ungewiss wie dieser. So oder so ist die Debatte im Vorfeld ungewöhnlich – ungewöhnlich lang, ungewöhnlich tiefgründig, ungewöhnlich emotional. [...]

© SPIEGEL ONLINE, Annett Meiritz, 06.11.2015, http://www.spiegel-de/politik/deutschland/sterbehilfe-debatte-im-bundestag-ist-sachlich-und-emotional-zugleich-a-1061417.html.

OB MAN MIR HELFEN MUSS? SCHWIERIGE FRAGE...

STERBEHILFE: SELBST DER TOD IST SICH NICHT SICHER

Position 1: Anstiftung und Beihilfe an einer Selbsttötung verbieten (35 Abgeordnete)

»Mit dem neuen § 217 StGB sollen Anstiftung und Beihilfe zum Suizid unter Strafe gestellt und damit verboten werden. Es ist strafrechtlich anerkannt, dass eine Anstiftungs- oder Beihilfehandlung, auch ohne dass die Haupttat bestraft wird, selbst strafbar sein kann. Dabei soll es, im Gegensatz zu den anderen Entwürfen, beim vorliegenden Entwurf keine Ausnahmen für bestimmte Gruppen geben. Der Antrag geht davon aus, dass sich solche Ausnahmen in einem Gesetz kaum regeln lassen. Weder Ausnahmen für Berufsgruppen noch Aufzählungen von Krankheiten, bei denen der assistierte Suizid zulässig sein soll, werden der Einzigartigkeit von Krankheitsbildern gerecht.«

(Dt. Bundestag, Drucksache 18/5376.www.bundestag.de)

Die Höchststrafe soll fünf Jahre sein. In besonders schweren Fällen kann von einer Strafe abgesehen werden. Dies ist nach bestehender Rechtsprechung möglich. An den Regelungen zur passiven Sterbehilfe soll nichts geändert werden. Weiterhin soll die Arbeit in den Hospizen gefördert werden. Verboten soll die aktive Sterbehilfe bleiben. Es geht darum, Menschen beim Sterben zu begleiten, und nicht, Menschen in den Tod zu befördern.

Position 2: Keine allgemeine Erlaubnis (210 Abgeordnete)

Suizidversuch oder die Teilnahme an einem Suizidversuch ist straffrei.

»Dieses Regelungskonzept hat sich grundsätzlich bewährt. Die prinzipielle Straflosigkeit des Suizids und der Teilnahme daran sollte deshalb nicht infrage gestellt werden. Eine Korrektur ist aber dort erforderlich, wo geschäftsmäßige Angebote die Suizidhilfe als normale Behandlungsoption erscheinen lassen und Menschen dazu verleiten können, sich das Leben zu nehmen.«

(Dt. Bundestag, Drucksache 18/5373.www.bundestag.de)

Für die Unterzeichner ist es unwichtig, ob Gewinnabsichten bestehen oder nicht. Es geht darum, zu verhindern, dass ein Gewöhnungseffekt eintritt. Ausdrücklich werden Angehörige oder andere dem Suizidalen nahestehende Menschen von der Strafandrohung ausgenommen.

Position 3: Den Arzt schützen (107 Abgeordnete)

Der Fortschritt in der Medizin ermöglicht heute lebensverlängernde Maßnahmen und eine differenzierende Schmerztherapie. Die adäquate Behandlung von Schmerzen ist jedoch nicht in allen Fällen möglich. Darunter leiden nicht nur diese Patienten, sondern auch die Helfer und Ärzte.

»Demoskopische Erhebungen belegen einen ausgeprägten Wunsch nach Selbstbestimmung in der letzten Lebensphase. Die klare Mehrheit der Bevölkerung spricht sich für die Möglichkeit aus, im Fall einer unheilbaren, irreversibel zum Tode führenden Erkrankung zur Abwendung eines starken Leidensdruckes eine ärztliche Hilfe bei der selbstvollzogenen Lebensbeendigung in Anspruch nehmen zu können. Diese Überzeugung ist getragen von dem unserer Rechtsordnung zugrunde liegenden Grundsatz, dass die Statuierung einer Rechtspflicht zum Leben illegitim ist.«

(Dt. Bundestag, Drucksache 18/5374.www.bundestag.de)

Die ärztlichen, standesrechtlichen Regelungen verbieten mehrheitlich Suizidhilfe. Dadurch geraten Ärzte, die einem suizidalen Menschen, der in einer ausweglosen Lage ist, helfen wollen, in eine Dilemmasituation. Sie könnten ihre Approbation verlieren. Daher ist bei volljährigen und einwilligungsfähigen Patienten für die Ärzte Rechtssicherheit zu schaffen. Um Missbrauch auszuschließen, ist ein zweiter Arzt hinzuzuziehen.

Position 4: Suizidbeihilfe durch Laien und Ärzte.
Aber keine Geschäfte mit der Sterbehilfe (53 Abgeordnete)

Der folgende Vorschlag unterstützt am weitestgehenden die Suizidbeihilfe. Dazu verweist er auf die seit 1871 bestehende Rechtstradition, nach der es legal ist, einem Menschen beim Suizid zu helfen.
In dieser Zeit ist keine bedenkliche Entwicklung beobachtbar gewesen. Nicht hinnehmbar ist jedoch eine Geschäftemacherei mit dem Sterbewunsch von leidenden Menschen.

»Es wird positiv gesetzlich normiert, dass Hilfe zur Selbsttötung nicht strafbar ist. Zwar beschreibt dies nur die derzeitige Rechtslage; dennoch kommt der Regelung mehr als nur deklaratorischer Charakter zu. Denn sie beseitigt Rechtsunsicherheiten in der Bevölkerung sowie bei Ärzten. Zudem wird die gewerbsmäßige Hilfe zur Selbsttötung verboten und es werden Kriterien für die Beratung und Dokumentation aufgestellt.«

(Dt. Bundestag, Drucksache 18/5375.www.bundestag.de)

Es wird darauf hingewiesen, dass durch die demographische Entwicklung viele alte Menschen allein leben. Diese Menschen haben oft gar nicht die Möglichkeit, Verwandte oder Freunde um diesen schweren Dienst zu bitten. Sie wären darauf angewiesen, Ärzte zu bitten, die nach heutiger Rechtslage in einer Dilemmasituation sind. Daher ist für ehrenamtliche Suizidhelfer und Ärzte bzgl. des assistierten Suizids Straffreiheit zu ermöglichen.

M 8 Sterbehilfegesetz bleibt bestehen

Das Bundesverfassungsgericht hat eine einstweilige Anordnung gegen das Verbot der geschäftsmäßigen Sterbehilfe abgeschmettert.

KARLSRUHE. Das neue *Verbot der geschäftsmäßigen Sterbehilfe* bleibt vorerst bestehen. Mit einem am Freitag veröffentlichten Beschluss hat das Bundesverfassungsgericht Eilanträge gegen die am 10. Dezember 2015 in Kraft getretene Neuregelung abgewiesen.

Der Beschluss beruht auf einer sogenannten Folgenabwägung; eine inhaltliche Entscheidung bleibt damit dem Hauptverfahren vorbehalten.

Nach dem neuen *Paragrafen 217* des Strafgesetzbuchs macht sich strafbar, »wer in der Absicht, die Selbsttötung eines anderen zu fördern, diesem hierzu geschäftsmäßig die Gelegenheit gewährt, verschafft oder vermittelt«.

Verstöße werden mit einer Geldstrafe oder mit bis zu drei Jahren Haft bestraft. Ausgenommen sind Angehörige oder andere Nahestehende, die nicht geschäftsmäßig handeln.

Vier Beschwerdeführer vom Verein Sterbehilfe Deutschland

Gegen die Neuregelung wenden sich vier Mitglieder des Vereins Sterbehilfe Deutschland. Satzungszweck des Vereins ist vor allem die Unterstützung seiner Mitglieder bei der Durchsetzung des »Rechts auf Selbstbestimmung bis zum letzten Atemzug«.

Die Beschwerdeführer tragen vor, sie hätten sich über einen längeren Zeitraum ausführlich mit der Option eines Suizids beschäftigt. Wegen ihrer gesundheitlichen Beeinträchtigungen seien sie entschlossen, ihrem Leben unter bestimmten Voraussetzungen in der nahen Zukunft selbst ein Ende zu setzen.

Nach Prüfung der Fälle hat ihnen der Verein bereits die Zusage erteilt, sie dabei zu unterstützen. Dies wäre nach der gesetzlichen Neuregelung strafbar.

Wie nun das Bundesverfassungsgericht betont, sind die dagegen gerichteten Beschwerden »weder von vornherein unzulässig noch offensichtlich unbegründet«.

Umgekehrt sei das Verbot der geschäftsmäßigen Sterbehilfe aber auch nicht offenkundig unzulässig. Denn das gesetzliche Ziel, menschliches Leben zu schützen, stehe in Übereinstimmung mit dem Grundgesetz.

Entscheidung in der Hauptsache abwarten

In dieser Situation müssen die Beschwerdeführer eine Entscheidung in der Hauptsache abwarten, entschied das Gericht. Ihre Nachteile wögen bis dahin nicht schwer genug, um das Verbot sofort außer Kraft zu setzen.

Bei einem Erfolg der Beschwerden könne der Wunsch nach einem durch den Verein begleiteten Tod später noch realisiert werden. Bis dahin sei auch nach der neuen Verbotsvorschrift die Sterbehilfe durch Angehörige und Freunde möglich.

Sollte sich die Neuregelung als verfassungsgemäß erweisen, könne es umgekehrt sein, »dass sich Personen, die in weit geringerem Maße als die Beschwerdeführer zu einer selbstbestimmten und reflektierten Entscheidung über das eigene Sterben in der Lage sind, zu einem Suizid verleiten lassen könnten«. Dies wiege im vorläufigen Eilverfahren schwerer. *(mwo)*

Ärzte Zeitung online, 08.01.2016. http://www.aerztezeitung.de/politik_gesellschaft/sterbehilfe_begleitung/article/902425/bundesverfassungsgericht-sterbehilfegesetz-bleibt-bestehen.html

M 9 — Geschäftsmäßige Sterbehilfe bleibt verboten

Das Bundesverfassungsgericht in Karlsruhe wies in einem am Freitag veröffentlichten Beschluss mehrere Eilanträge gegen das am 10. Dezember 2015 in Kraft getretene gesetzliche Verbot der »geschäftsmäßigen Sterbehilfe« ab. Bis die Karlsruher Richter eine inhaltliche Entscheidung in der Hauptsache treffen, gilt weiter das gesetzliche Verbot. (AZ: 2 BvR 2347/15)

Nach dem neuen Paragrafen 217 des Strafgesetzbuchs macht sich strafbar, »wer in der Absicht, die Selbsttötung eines anderen zu fördern, diesem hierzu geschäftsmäßig die Gelegenheit gewährt, verschafft oder vermittelt«. Verstöße werden mit einer Geldstrafe oder mit bis zu drei Jahren Haft bestraft. Ausgenommen sind Angehörige oder andere Nahestehende, die nicht geschäftsmäßig handeln.

Gegen das Gesetz hatten vier Mitglieder des Vereins Sterbehilfe Deutschland Verfassungsbeschwerde eingelegt. Die Vereinsmitglieder hätten ein Recht »auf Selbstbestimmung bis zum letzten Atemzug«. Zum Schutzbereich dieses Selbstbestimmungsrechts über den eigenen Tod gehöre auch die Inanspruchnahme der Hilfe von Dritten wie etwa Sterbehilfevereinen.

Schutz des Lebens stimmt mit Grundgesetz überein

Die Beschwerdeführer trugen vor, sie seien gesundheitlich beeinträchtigt und wollten daher unter bestimmten Voraussetzungen ihrem Leben ein Ende setzen. Mit der gesetzlichen Neuregelung sei dies aber nicht mehr möglich. Der Verein Sterbehilfe Deutschland hatte 2015 bis zur gesetzlichen Neuregelung im Dezember bei insgesamt 92 Mitgliedern eine Suizidbegleitung durchgeführt.

Das Bundesverfassungsgericht betonte, dass die Verfassungsbeschwerden »weder von vornherein unzulässig noch offensichtlich unbegründet« seien. Das Verbot der geschäftsmäßigen Sterbehilfe sei aber auch nicht offenkundig unzulässig. Denn das gesetzliche Ziel, menschliches Leben zu schützen, stehe in Übereinstimmung mit dem Grundgesetz.

Die Beschwerdeführer müssten daher das Hauptverfahren abwarten. Die Nachteile seien für sie nicht so groß, um das Verbot der geschäftsmäßigen Sterbehilfe außer Kraft zu setzen. Bei einem Erfolg der Verfassungsbeschwerde könnten sie auch später noch Unterstützung von dem Sterbehilfeverein erhalten.

https://www.evangelisch.de/inhalte/130082/08-01-2016/geschaeftsmaessige-sterbehilfe-bleibt-verboten-bundesverfassungsgericht-weist-eilantraege-ab. © epd

M 10 Streit um Sterbehilfegesetz

Desaster oder Segen?

Das Verbot der geschäftsmäßigen Sterbehilfe durch den Bundestag ist kein Beitrag zum Rechtsfrieden – im Gegenteil. Bei einer Diskussion in Kiel wurde nun deutlich: Vor allem Ärzte sind oft unsicher.

KIEL. Wie sehr Menschen das Thema Sterbehilfe umtreibt, zeigte sich bei einer Veranstaltung der schleswig-holsteinischen Rechtsanwaltskammer im Kieler Landeshaus, als rund 100 Menschen einer Diskussion zwischen den Ärzten Dr. Thomas Sitte und Dr. Michael de Ridder, dem »Bild«-Reporter Albert Link und dem Juristen Professor Jochen Taupitz verfolgten.

Taupitz, geschäftsführender Direktor des Instituts für Medizinrecht der Universitäten Heidelberg und Mannheim sowie stellvertretender Vorsitzender des Deutschen Ethikrates, vermutete seine Position zwischen den beiden Ärzten als ganz bewusst vom Veranstalter gewählt.

Denn de Ridder, Mitbegründer des Vivantes Hospizes in Berlin-Tempelhof, und Sitte, Vorstandsvorsitzender der Deutschen Palliativstiftung, prallten mit ihren oft konträren Positionen aufeinander.

Ärztliche Beihilfe kann geboten sein

De Ridder hält ärztliche Beihilfe zum Sterben im Einzelfall für eine Option, die jeder abwägen muss. Als Bedingungen nannte de Ridder etwa, dass jeder Betroffene sich im Vollbesitz seiner geistigen Kräfte wiederholt mit Sterbehilfe auseinandergesetzt haben muss, dass er sich in einer ausweglosen medizinischen Situation befindet, über alle palliativmedizinischen Situationen aufgeklärt wurde und über ein enges Vertrauensverhältnis zum Arzt verfügt.

Dann, so de Ridder, könnte die ärztliche Hilfe mehr als nur eine Option, sondern sogar geboten sein.

»Natürlich helfe ich beim Sterben«, steht auch für Sitte fest – aber eben nicht durch Beihilfe, sondern durch Schmerzlinderung. Es sei kein Problem, Menschen Schmerzen unabhängig von deren Intensität zu nehmen. »Keiner muss Angst haben, unerträgliche Schmerzen zu haben.«

Ablehnung geschäftsmäßiger Sterbehilfe eint

Seine Linie ist klar: Ärzte müssen Sterbebegleitung leisten. Sterbehilfe im Sinn von Beendigung des Lebens, so lautet seine Erfahrung, wird von den Menschen nicht benötigt, wenn den Betroffenen die Angst vor Schmerzen genommen wird. Deshalb ist aus seiner Sicht wichtig, dass die Menschen besser über die Möglichkeiten der Palliativmedizin aufgeklärt werden.

Was Sitte und de Ridder eint, ist die Ablehnung geschäftsmäßiger Sterbehilfe. Auch Link stellte klar: »Ich möchte keine Erlöserprofis«.

Diese Absicht verfolgte auch der Bundestag, als er im November 2015 einen neuen Paragrafen 217 im Strafgesetzbuch verankert hat. Mit der nach langer Debatte gefundenen Regelung wird die geschäftsmäßige Sterbehilfe verboten. Als geschäftsmäßig wird eine Sterbehilfe dann betrachtet, wenn sie auf Wiederholung angelegt ist. Damit aber sieht Taupitz, anders als vom Gesetzgeber unterstellt, auch Ärzte, die de Ridders Einstellung teilen, mit einem Bein im Gefängnis.

»Katastrophe für die Suizidprävention«

Und weil aufgeklärte Patienten das wissen, werden sie Ärzte mit ihrem Sterbewunsch nicht mehr konfrontieren. Die Folgen beschrieb Taupitz in drastischen Worten: »Diese Patienten werfen sich vor den Zug – das ist viel schrecklicher für alle Beteiligten. Der Paragraf ist eine Katastrophe für die Suizidprävention.« Taupitz sprach von »furchtbaren Kollateralschäden«, die damit angerichtet werden.

De Ridder beobachtet als Folge eines »handwerklich ganz schlecht gemachten Gesetzes«, dass sich viele Ärzte »auf dem Rückzug befinden, um nicht mit dem Gesetz in Konflikt zu geraten«. Er forderte von einer Überarbeitung: »Das Mindeste, was dabei herauskommen muss, ist eine Differenzierung zwischen Sterbehilfevereinen und Ärzten.«

Ärzte Zeitung, 28.11.2016 (Dirk Schnack) http://www.aerztezeitung.de/politik_gesellschaft/sterbehilfe_begleitung/article/853263/umfrage-mehrheit-will-recht-sterbehilfe.html

M 11 — Entscheidung des Bundesverwaltungsgerichts bei extremen Ausnahmefällen

Zugang zu einem Betäubungsmittel, das eine schmerzlose Selbsttötung ermöglicht, darf in extremen Ausnahmesituationen nicht verwehrt werden.

Das allgemeine Persönlichkeitsrecht aus Art. 2 Abs. 1 i.V.m. Art. 1 Abs. 1 GG umfasst auch das Recht eines schwer und unheilbar kranken Patienten, zu entscheiden, wie und zu welchem Zeitpunkt sein Leben beendet werden soll, vorausgesetzt, er kann seinen Willen frei bilden und entsprechend handeln. Daraus kann sich im extremen Einzelfall ergeben, dass der Staat den Zugang zu einem Betäubungsmittel nicht verwehren darf, das dem Patienten eine würdige und schmerzlose Selbsttötung ermöglicht. Das hat das Bundesverwaltungsgericht in Leipzig heute entschieden.

Die Ehefrau des Klägers litt seit einem Unfall im Jahr 2002 unter einer hochgradigen, fast kompletten Querschnittslähmung. Sie war vom Hals abwärts gelähmt, musste künstlich beatmet werden und war auf ständige medizinische Betreuung und Pflege angewiesen. Häufige Krampfanfälle verursachten starke Schmerzen. Wegen dieser von ihr als unerträglich und entwürdigend empfundenen Leidenssituation hatte sie den Wunsch, aus dem Leben zu scheiden. Ihren Sterbewunsch hatte sie mit ihrem Ehemann, der gemeinsamen Tochter, den behandelnden Ärzten, einem Psychologen, dem Pflegepersonal und einem Geistlichen besprochen. Im November 2004 beantragte sie beim Bundesinstitut für Arzneimittel und Medizinprodukte (BfArM) die Erlaubnis zum Erwerb einer tödlichen Dosis eines Betäubungsmittels. Das BfArM lehnte den Antrag im Dezember 2004 ab, weil eine Erlaubnis mit dem Ziel der Selbsttötung nicht vom Zweck des Betäubungsmittelgesetzes gedeckt sei. Im Februar 2005 reisten der Kläger und seine Frau in die Schweiz, wo sie sich mit Unterstützung eines Vereins für Sterbehilfe das Leben nahm. Die nach erfolglosem Widerspruchsverfahren erhobene Klage auf Feststellung, dass der Versagungsbescheid rechtswidrig und das BfArM zur Erlaubniserteilung verpflichtet gewesen sei, wies das Verwaltungsgericht Köln im Februar 2006 als unzulässig ab. Es war der Auffassung, dass der Kläger nicht klagebefugt sei, weil er durch die Ablehnung der von seiner Ehefrau beantragten Erlaubnis nicht in eigenen Rechten verletzt sein könne. Das Rechtsmittel vor dem Oberverwaltungsgericht Münster sowie die Verfassungsbeschwerde beim Bundesverfassungsgericht blieben ohne Erfolg. Der Europäische Gerichtshof für Menschenrechte entschied mit Urteil vom 19. Juli 2012, dass der Kläger aus dem Recht auf Achtung des Privat- und Familienlebens nach Art. 8 der Europäischen Menschenrechtskonvention (EMRK) einen Anspruch darauf habe, dass die nationalen Gerichte die Begründetheit der Klage prüften. In dem daraufhin wiederaufgenommenen Klageverfahren wurde das Feststellungsbegehren des Klägers von den Vorinstanzen als unbegründet abgewiesen. Das BfArM habe zu Recht angenommen, dass die beantragte Erlaubnis nach den Vorschriften des Betäubungsmittelgesetzes zu versagen sei. Darin liege auch weder ein Verstoß gegen Grundrechte noch gegen Rechte und Freiheiten nach der EMRK.

Auf die Revision des Klägers hat das Bundesverwaltungsgericht die Urteile der Vorinstanzen geändert und festgestellt, dass der Versagungsbescheid des BfArM rechtswidrig gewesen ist. Im Übrigen hat es die Revision zurückgewiesen. Nach den Vorschriften des Betäubungsmittelgesetzes ist es grundsätzlich nicht möglich, den Erwerb eines Betäubungsmittels zum Zweck der Selbsttötung zu erlauben. Hiervon ist im Lichte des genannten Selbstbestimmungsrechts in Extremfällen eine Ausnahme für schwer und unheilbar kranke Patienten zu machen, wenn sie wegen ihrer unerträglichen Leidenssituation frei und ernsthaft entschieden haben, ihr Leben beenden zu wollen, und ihnen keine zumutbare Alternative – etwa durch einen palliativmedizinisch begleiteten Behandlungsabbruch – zur Verfügung steht. Ihnen darf der Zugang zu einem verkehrs- und verschreibungsfähigen Betäubungsmittel, das eine würdige und schmerzlose Selbsttötung erlaubt, nicht verwehrt sein. Deshalb hätte das BfArM prüfen müssen, ob hier ein solcher Ausnahmefall gegeben war. Diese Prüfung lässt sich nach dem Tod der Ehefrau des Klägers nicht mehr nachholen. Eine Zurückverweisung der Streitsache an die Vorinstanz zur weiteren Sachverhaltsaufklärung scheidet daher ebenso aus wie die Feststellung, dass das BfArM zur Erlaubniserteilung verpflichtet gewesen wäre.

BVerwG 3 C 19.15 – Urteil vom 02. März 2017

Vorinstanzen:
OVG Münster 13 A 1299/14 – Urteil vom 19. August 2015
VG Köln 7 K 254/13 – Urteil vom 13. Mai 2014

Pressemitteilung des Bundesverwaltungsgerichts Nr. 11/2017, www.bverwg.de

Aufgaben:
1. Diskutiere das Problem des Zugangs zu einem Betäubungsmittel, das eine schmerzlose Selbsttötung ermöglicht – auf dem Hintergrund der Bundestagsentscheidung von 2015.
2. Versetze dich in die Situation des Ehemannes und diskutiere in der Gruppe über das allgemeine Persönlichkeitsrecht, auf das die Leipziger Richter verweisen.
3. Inwiefern widerspricht das Urteil des Bundesverwaltungsgerichts dem neuen Paragrafen 217 StGB?

Literatur und Internetquellen

Bildungsplan für alle beruflichen Schulen (2003): Amtsblatt des Ministeriums für Kultus, Jugend und Sport. Lehrplanheft 3/ 2003. Neckar-Verlag

Eiffe, Franz F. (2010). Auf den Spuren von Amartya Sen – Zur theoriegeschichtlichen Genese des Capability-Ansatzes und seinem Beitrag zur Armutsanalyse in der EU. Frankfurt am Main: Peter Lang GmbH – Internationaler Verlag der Wissenschaften.

Frieß, Michael (2010). Sterbehilfe. Zur theologischen Akzeptanz von assistiertem Suizid und aktiver Sterbehilfe. Stuttgart: W. Kohlhammer.

Härle, Wilfried (2010). Würde – Groß vom Menschen denken. München: Diederichs Verlag in der Verlagsgruppe Random House GmbH.

Höffe, Otfried (2008). Einführung in die utilitaristische Ethik. Tübingen: Narr Francke Attempo Verlag GmbH + Co. KG.

Knispel, Petra Thea (11. Januar 2015). Medizinische Rehabilitation nach Schlaganfall. http://www.schlaganfallallianz.de/patienteninformationen/wissenswertes-zum-schlaganfall/recht/

Knoll, Manuel (2009). Aristokratische oder demokratische Gerechtigkeit? München: Wilhelm Fink Verlag.

Marquard, Reiner (2007). Ethik in der Medizin – Eine Einfürung in die evangelische Sozialethik. Stuttgart: RPE Religion – Pädagogik – Ethik GmbH.

Marquard, Reiner (2014). menschenwürdig sterben. Vertrauensbasierte Palliativmedizin versus Suizidbeihilfe und Tötung auf Verlangen. Leipzig: Evangelische Verlagsanstalt.

Nussbaum, Martha C. (2012). Nicht für den Profit – Warum Demokratie Bildung braucht. Überlingen: TibiaPress Verlag GmbH.

Nussbaum, Martha C. (1999). Gerechtigkeit oder Das gute Leben – Gender Studies. Frankfurt am Main: Suhrkamp Verlag.

Nussbaum, Martha C. (2010). Die Grenzen der Gerechtigkeit – Behinderung, Nationalität und Spezieszugehörigkeit. Berlin: Suhrkamp Verlag.

Platow, Birte & Balsing, Sarah (Hg.) (2010). Vom Tod reden im Religionsunterricht. Göttingen: Vandenhoeck & Ruprecht.

Rawls, John (1998). Politischer Liberalismus. Frankfurt am Main: Suhrkamp Verlag.

Schirrmacher, Frank (2013). EGO – Das Spiel des Lebens. München: Karl Blessing Verlag in der Verlagsgruppe Random House GmbH.

Schwendemann, Wilhelm (2013). Reformation und Humanismus – Philipp Melanchthon und Johannes Calvin. Frankfurt am Main: Peter Lang GmbH – Internationaler Verlag der Wissenschaften.

Schwendemann, Wilhelm; Stahlmann, Matthias, & Krüger, Marcus (2011). Ethik für das Leben – Sterben – Sterbehilfe – Umgang mit dem Tod. Materialien für Schule und Ausbildung. Stuttgart: Calwer Verlag.

Schwendemann, Wilhelm & Stahlmann, Matthias (2006). Ethik für das Leben. Stuttgart: Calwer Verlag.

Sen, Amartya (2010). Die Idee der Gerechtigkeit. München: C.H. Beck oHG.

Stein, Ben (26. November 2006). In Class Warfare, Guess Which Class Is Winning http://www.nytimes.com/2006/11/26/business/yourmoney/26every.html

Wolflast, Gabriele (Hg.) (2001). Textsammlung Sterbehilfe. Berlin: Springer Verlag.

Internetquellen (letzter Aufruf im März 2017):

Bundesministerium der Justiz und für Verbraucherschutz, Grundgesetz für die Bundesrepublik Deutschland: http://www.gesetze-im-internet.de

Dignitas (2013): Menschenwürdig leben, menschenwürdig sterben: http://www.dignitas.ch

Film »Assistierter Suizid« http://www.youtube.com/watch?v=CnfVNT0b8eI

Homepage Deutsche Stiftung Patientenschutz https://www.stiftung-patientenschutz.de

Homepage der Organisation Exit http://www.exit.ch

Lebensschutz in Rheinland- Pfalz http://www.cdl-rlp.de

Mund, Michael T. (2005): Rechtsmedizinische Aspekte beim plötzlichen Todesfall http://www.medicalforum.ch/docs/smf/archiv/de/2005/2005-05/2005-05-422.pdf

Materialien im Internet zum medizinisch assistierten Suizid (letzter Aufruf im März 2017):

Entwurf eines Gesetzes zur Strafbarkeit der gewerbsmäßigen Förderung der Selbsttötung: http://dip21.bundestag.de/dip21/btd/18/053/1805373.pdf

Deutscher Ethikrat – Forum Bioethik: http://www.ethikrat.org/dateien/pdf/infobrief-03-12.pdf

Gesetzentwurf zur Regelung des assistierten Suizids, Artikel im Ärzteblatt vom 26.8.2014: http://www.aerzteblatt.de/nachrichten/59877/Gesetzentwurf-zur-Regelung-des-assistierten-Suizids-vorgelegt

»Schweiz: Fälle von assistiertem Suizid haben sich in drei Jahren verdoppelt«, Artikel im Ärzteblatt vom 21.8.2014: http://www.aerzteblatt.de/nachrichten/59824/Schweiz-Faelle-von-assistiertem-Suizid-haben-sich-in-drei-Jahren-verdoppelt

»Merkel für sehr restriktive Regelung bei Sterbehilfe«, Artikel im Ärzteblatt vom 14.8.2014: http://www.aerzteblatt.de/nachrichten/59743/Merkel-fuer-sehr-restriktive-Regelung-bei-Sterbehilfe

»Widmann-Mauz: Bei Suizidbeihilfe keine falschen Signale setzen«, Artikel im Ärzteblatt vom 13.8.2014: http://www.aerzteblatt.de/nachrichten/59725/Widmann-Ma uz-Bei-Suizidbeihilfe-keine-falschen-Signale-setzen

»Montgomery: Tötung auf Verlangen verstößt gegen ärztliche Ethik«, Artikel im Ärzteblatt vom 10.8.2014: http://www.aerzteblatt.de/nachrichten/59687/Montgomery-Toetung-auf-Verlangen-verstoesst-gegen-aerztliche-Ethik

»Sterbehilfe: Hintze für liberalen Kurs«, Artikel im Ärzteblatt vom 5.8.2014: http://www.aerzteblatt.de/nachrichten/59633/Sterbehilfe-Hintze-fuer-liberalen-Kurs

»Parteien streiten um Regelung zur Suizidbeihilfe«, Artikel im Ärzteblatt vom 4.8.2014: http://www.aerzteblatt.de/nachrichten/59610/Parteien-streiten-um-Regelung-zur-Suizidbeihilfe

»Beihilfe zur Selbsttötung«, Artikel im Infobrief des Deutschen Ethikrates vom Januar 2015: http://www.ethikrat.org/dateien/pdf/infobrief-01-15.pdf

»Sterbehilfe – Rechtslage in der Schweiz«: http://www.cdl-rlp.de/Unsere_Arbeit/Sterbehilfe/Sterbehilfe-in-der-Schweiz.html

Wilhelm Schwendemann / Matthias Stahlmann
Kombi-Paket: Ethik für das Leben – Neue Aspekte der Biomedizin
Materialheft und Lehrermaterialien zusammen
In Koproduktion mit RPE
1. Auflage 2011
Zusammen 200 Seiten, farbige und sw Abbildungen
Format: DIN A4, broschiert
ISBN 978-3-7668-4203-9

Das Materialienheft vermittelt keine vorgefertigten Meinungen, sondern stellt eine Fülle von Materialien zur Verfügung, anhand derer Schüler/innen und Kursteilnehmer/innen eigene Positionen entwickeln können. Die Lehrermaterialien bieten Erläuterungen zu den Texten und Abbildungen des Materialienheftes.

Wilhelm Schwendemann / Matthias Stahlmann
Ethik für das Leben
Materialien und Unterrichtsentwürfe
2. überarbeitete und erweiterte Auflage 2006
164 Seiten, farbige und sw Abbildungen
Format: DIN A4, broschiert, ISBN 978-3-7668-3979-4

Die ausgewählten Materialien bieten grundlegende Informationen und erschließen eine komplexe bioethische und biomedizinische Themenpalette:
- Der Anfang des Lebens
- Ehrfurcht vor dem Leben
- Schwangerschaftsabbruch
- Sterben, Tod, Auferstehung
- Sterbebegleitung, Sterbehilfe, Euthanasie
- Organ-Markt
- Xenotransplantation

Wilhelm Schwendemann / Matthias Stahlmann (Hg.)
Ethik für das Leben: Sterben – Sterbehilfe – Umgang mit dem Tod
Materialien für Schule und Ausbildung
In Verbindung mit Marcus Krüger
In Koproduktion mit RPE
1. Auflage 2011
176 Seiten, farbige und sw Abbildungen
Format: DIN A4, broschiert, ISBN 978-3-7668-4192-6

Der Materialienband bietet eine Fülle von Informationen zu unterschiedlichen Aspekten des Themas »Sterben – Sterbehilfe – Umgang mit dem Tod«. Die Materialien können in der Schule sowie in der Ausbildung zu Pflegekräften und in der Erwachsenenbildung eingesetzt werden.
- Begegnung mit dem Tod
- Sterben – Sterbephasen
- Sterbebegleitung – Sterbehilfe
- Wenn ich einmal sterben sollte – Patientenautonomie und Patientenverfügung
- Sterben im Hospiz
- Aufbruch in ein neues Leben
- Anhang: Die persönliche Patientenverfügung mit Arbeitsmaterialien, Bausteinen und Modellen